とことん収納

本多さおり

大和書房

はじめに

タイトルの通り、この本では整理収納コンサルタントとして収納のことばかり考えている私が、「とことん」収納に向き合い、収納に悩む人の助けになりたいと願って作った一冊です。

初めてお会いする方に「収納の仕事を……」と自己紹介すると、相手の反応は面白いほどいつも同じようです。「うちにもアドバイスに来てほしい！」。つまり片付けることに苦手意識を抱いていらっしゃる方がとても多いということ。「空間を見ればどう収納すればいいのかすぐにわかるのですか？」という質問もよく頂きますが、あいにくそんな魔法は持ち合わせていません。自宅でも、お客様宅でも、やることはいつも同じで「とことん考えてみる」ということに尽きます。

先日見たテレビで、ある社長さんがこんなことを話されていました。「良いアイデア出しのコツなんてなくて、あるとすればどれだけそのことについて考え続けたかどうかだ」と。このお話に私は深く感銘を受け、「収納も同じだ！」と思いました。ぜひ身の周りの収納について、とことん考え続けてみてほしいです。収納は暮らしがうまく回るためのベース。あなたの暮らしは、収納の改善によって、もっとよくなる可能性を秘めています。

目次

はじめに……2

「これってうちのこと？」家のモヤモヤ総ざらい……6

変えるべきは性格ではなく、収納のしくみ……8

整理収納と片付けの関係……10

1章　まずはモノの整理から

モノの全出しと分類……12

練習してみよう！　かばんの中身、全出しと分類……14

Column①　収納用品の選び方……16

2章　本多家の収納とことん

本多家の収納の作り方。巻き戻して、その工程すべて見せます！……18

①リビングの収納をとことん活用する、の巻……20

②寝室のクローゼット収納をとことん活用する、の巻……32

③ランドリーの洗濯機上、収納スペースとして生かす、の巻……42

Column②　収納家具の変遷……50

3章　ラクをかなえる収納テクニック

ラクをかなえる、8つのテクニック……52

いいこといろいろ空中収納……54
壁面に収納を見出す……58
扉裏って実はお宝収納ゾーン……62
モノの配置場所は「どこで使うか」に着目して決める……64
使いたくなる収納……68
掃除しやすい収納……70
一歩も動かない収納……72
引き出しを活用する……74
Column③ 使っていない子どものモノ収納……76

4章 実況中継！ みんなのビフォーアフター

基本の整理収納4ステップ……78
本多さおりのhow toコンサルティング……79
CASE 1 キッチン収納を変えたい！ 料理をつくりたくなるキッチン収納 Kさんご夫妻……80
CASE 2 洋服収納を変えたい！ サッと着替えのできる洋服収納 A・Tさん……88
CASE 3 漠然としたモヤモヤを解消したい！ 子どもスペースと仕事場兼リビング収納 F・Yさん……96
Column④ 強力助っ人「コマンドタブ」……108
まとめ 暮らしがラクになる収納3ヵ条……109
わたしが家に求めるもの……112

「これってうちのこと?」家のモヤモヤ総ざらい

1 毎日使うのに、毎回かがんで取っている

毎日の料理で使う油、洗濯で使う洗剤等々、毎回かがんで取っている。慣れてしまったが、そんなことばかりで家事全般がおっくう。

2 よく使うモノなのに近くにない(また、見つからない)

何かをしようとすると、いつもモノを探すところから。ようやく着席しても、すぐにまた何かを取りに立たなくてはならない。

3 モノを取るたびに落ちてくる別のモノ、雪崩が起こる

モノが落ちるほどギュウギュウの収納で、開けること自体がストレス。何が入っているかもわからず、まったく空間を活かせていない。

4 片付いていないことで起こる家族のいざこざ

いくら自分ががんばっても、家族が平気で散らかす。ついガミガミ言ってしまうが、本当は言いたくないし言われた方も不愉快そう。

5 使い切れない、
あることを忘れて二重買い

家にあっても必要な時に見つからず、二重買いしてモノを増やしてしまう。「こんなのあった！」と見つけた食料が期限切れのことも。

6 モノが多くて
作業スペースが十分とれず、
家事がしにくい

いつもの動作がスムーズにできず、家事に時間がかかる。やりたいことがあるのに、「なんとなく面倒で始められない」なんてことも。

7 家の居心地がよくなくて、
家に帰るのが
なんとなくイヤ

家族がリビングでくつろごうとしない。家に帰ってホッとできる感じがない。そもそも「ゆったりくつろげる場所」が家にない。

8 片付けると言っても、
どこから手をつけていいのか
わからない

家じゅうがモヤモヤしていて、まずは何をすればいいのかわからない。取りかかる勇気が出ない……ともう何年もズルズル。

どうしたらいい？

モヤモヤ解決のアンサー

変えるべきは性格ではなく、収納のしくみ

家の中のモヤモヤ、その原因は自分のだらしなさにあると思いがちです。けれども実は、問題なのは性格ではなく「収納のしくみ」。たとえどんな人でも、収納が「習慣」「持ち物」「スペース」に合ってさえいれば、サッと片付くモヤモヤなしの家をつくれます。

大切なのは、収められているモノが「そこにある意味」を持っていること。いつもの動線に沿った場所にあるから「使いやすい」。同類といっしょにまとめられているから「わかりやすい」。たびたび使うモノが「取りやすく、戻しやすい」等々。

いつもの毎日をいかに暮らしやすく、ラクで時短に貢献するモノの置き方ができるか。そのシステム構築が「収納」なのです。

未来の自分が
快適であるために

この本でいう「よい収納」とは？

・習慣に合わせて使うところにモノが置かれている
・使用頻度に合わせた配置ができている
・「ここは仕事書類」のようにグループを説明できる
・少ないアクションで取り戻しできる
・掃除がしやすい

整理収納と片付けの関係

「整理」と「収納」と「片付け」は、混同されがちですが実は違うものです。「整理」は、自分の持ち物を把握し、分類し、不要なモノがあれば処分すること。こうして整理されたモノを、使いやすくシステム構築するのが「収納」。システムのない所にモノを突っ込んでも一瞬しか部屋は片付きません。そして「片付け」とは、その定まった収納場所にモノを戻すだけの簡単な単純作業（であるべきもの）です。

1章　まずはモノの整理から

モノの全出しと分類

「使いにくい」「スペースがない」などのモヤモヤ解消には、持ち物と収納の見直しが必要です。そのための絶対条件は、まず収納に入っているモノをすべて出すこと。出さずに収納の中をのぞいても、モノの把握ができないのです。

理想は、「服をすべて」「キッチンのモノをすべて」など種類ごとに行うこと。あちこちの収納に同じ役割のモノが分散している場合は、集合させます。

すべてを出したら、さらに種類ごとに分類して「何をどれだけ持っているか」を把握します。暮らしにくさを感じている人ほど、「持ってるの忘れてた」「必要以上にあるな」などが明確になるはず。この時点でもう、心の中のモヤモヤはかなりスッキリし始めます。

Q 引き出し一杯分等、
一部だけではだめですか？

A OKです。引き出し一杯分、
一ヵ所でもやってみると、
こんなにラクなんだ、
気持ちいいんだと実感して
次々ほかの場所にも
手をつけたくなってきます。

Q 全部出すと具体的に
どんな効果がありますか？

A これまで何を所持し、何を大切に思い、
どんな傾向があるのかという
”自分の棚卸し“ができます。
同時に、出すだけで自然と不要なモノが明確になり、
「捨てたい！」と
多すぎるモノを減らす気持ちが強くなります。
空になった収納を掃除したくなってもくるので、
部屋の空気がクリアに変わります。

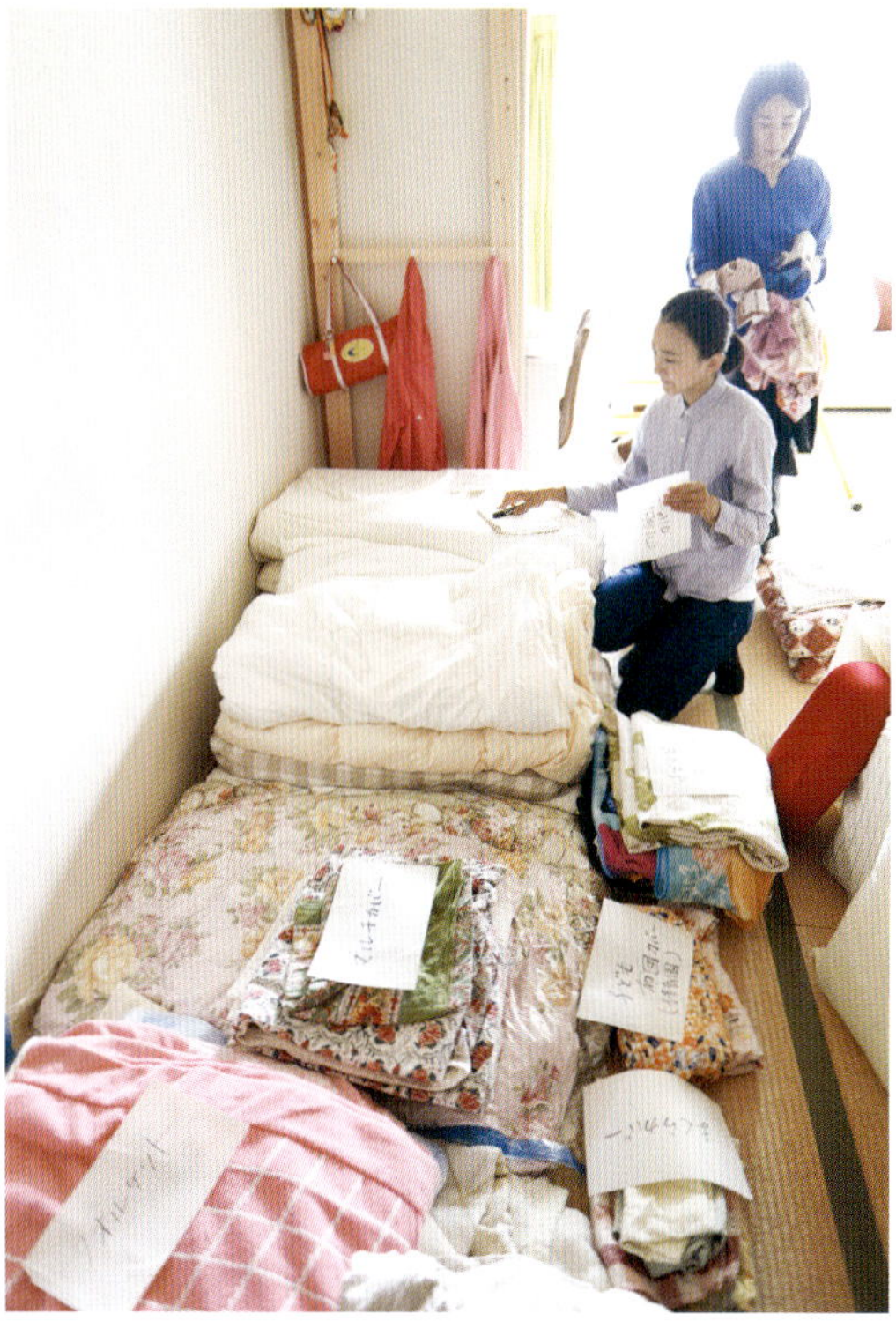

Q そうはいってもハードル高いです。
なかなか踏み切れない……

A 後のことを一切考えず、
まずは出すだけ出してみましょう。
一日の思い切りが、その後一生分のラクに
つながるかもしれません。
その快適さは、
一ヵ所やってみればわかります。

Q 時間がかかりそう……
収拾つかなくなったら
どうすればいい？

A 最後まで行きつかなくても大丈夫。
手をつけただけで大きな前進です。
生活に差しさわりのある場所が
終わらなかった場合、
分類したモノごとに
紙袋に放り込んでおきましょう。
モノが整理されているだけで、
どれだけラクかを
実感できると思います。

練習してみよう！　かばんの中身、全出しと分類

最初から部屋の収納に取りかかるのはハードルが高い、という方はまずは気軽にかばんで練習してみましょう。一ヵ所が快適になると、「ほかの場所も！」とやる気が出てきます。早速、本書スタッフが実践してみました！

Step 1 全出し

編集K
(50代・女)
カメラマンH
(40代・男)
ライターY
(40代・女)

Step 2 分類

手ぬぐい
ポーチ
カード
ペン
名刺入れ
手帳・本
イヤホン
マスク
イヤホン
水筒
ティッシュ
ノート・本
ハンカチ
ポーチ
ティッシュ
ペン
カード
カードケース
本
カード
巾着
傘
手帳
エコバッグ
靴下
子どもの薬
ティッシュ

全出しして分類しただけで、見えてくるものがたくさん！

カメラマンH　カードが多い！

ミニマリズムに傾倒していながら、カード類総数39枚！「でも家にはなくてこれですべてだからいいんです」と話していましたが、量ってみると重量130g。持ち歩く必要のあるものだけに絞ったところ50gとなりました。「じゃあ家に置こうかな」の声に、一同深く同意。また「ポイントをためないと意味がない」 カードは要厳選です。ほぼ、たまらない。

編集K　ペンが多すぎ！

ペンケースを持っていながら、かばんの底から出るわ出るわのペン14本！ それでも「いつもペンが見つからないんです」とのこと。原因は、ペンケースに戻すのが面倒で適当に放り込むから。よく使うペンはパッと取り戻しできるよう、内ポケットに定位置を変更です。

after

かばんからアウト

カードのほかにもマスクが3枚(未使用)、ティッシュとイヤホン2つ、使用期限の切れたカイロなどが。どれも1年以上使っておらず、かばんに入っている必要がないことに気が付きました。**【後日談】** これまでお店でカードを出す時負けの込んだUNOのような手札の多さが恥ずかしかった。今は何の不便もありません。

かばんからアウト

実は少し前にかばんの整理をしたばかりだったライターY。それでも本が2冊、古い飴、使っていない巾着、何日も前に履いた靴下が出てきました。そしてハンカチを忘れてきており、靴下と相まってゆるさが露呈。**【後日談】** ハンカチをよく忘れるという自分の傾向に気づき、予備を常備するように。

かばんからアウト

ペンのほかにも、イヤホン、ティッシュが2つ、名刺入れが3つなど重複持ちが多かった編集K。賞味期限の過ぎたお菓子や使っていないカード類も発見。全出しの威力を感じます。**【後日談】** その後ペンは2本に絞ったけれど、見失わないし出しやすい。定位置管理のすごさを思い知りました。

Column 1

収納用品の選び方

使い回しがきくものを選ぶ

① シンプルなデザインである

形は直線で構成された「四角」が理想。組み込んだ時にムダなくはまり、見た目もスッキリと整います。変に主張のあるデザインより、入れるモノ、置く場所を選びません。落ち着いた色合いや素材であれば、インテリアにもなじみます。

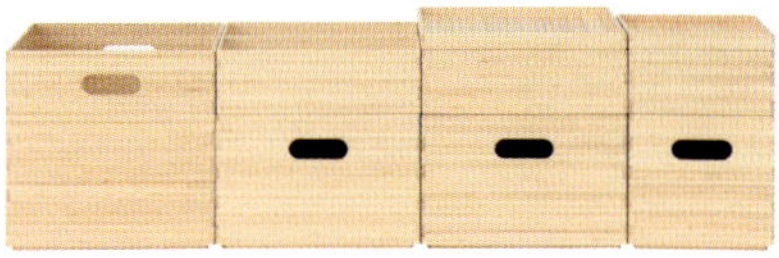

積み重ねができる竹材収納用品
／無印良品

② 丈夫である

モノを入れても歪んだりせずしっかりホールドしてくれること。ちょっとぶつけたくらいで壊れない頑丈さがほしいところです。長く使い回すには丈夫さが一番。

フィッツユニットケース
／天馬株式会社

③ 掃除しやすい

ツルリとしていて水拭きのできる収納用品は、いつも清潔に使うことができます。汚れのたまる隙間が多いメッシュケース等をほこりのたまりやすい場所で使うのは推奨しません。

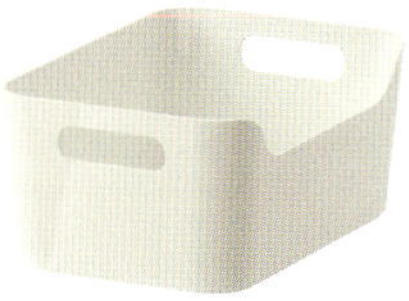

VARIERA ／イケア・ジャパン

④ 家具はカスタマイズしやすいモノを

サイズの変更やパーツの取り付けが自由で、置く場所や使用目的に合わせてカスタマイズできる収納家具は素晴らしい！ 模様替えや引っ越しで、さまざまに姿を変えて活躍してくれます。

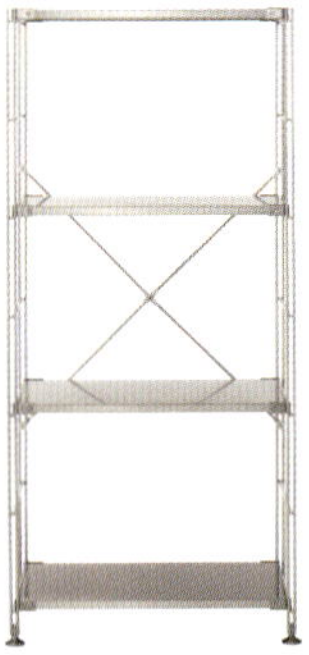

ステンレス
ユニットシェルフ
／無印良品

【お世話になってます、無印良品】

学生時代から愛用してきた無印良品ですが、生活者目線で過不足のない機能と、汎用性の高いデザインにいつも助けられています。丈夫で使い回しが効き、商品同士の互換性があるので揃えれば相性抜群。定番商品は変わらないので何年経っても買い足せるのも安心です。

注！　収納用品購入に際しての注意点

あくまでも「使用目的」「サイズ」「場所とのマッチング」を考えてから購入しましょう。例えば「小物を取りやすくしまうために」「リビングの棚に合う縦○ cm、横○ cm、高さ○ cm 以内の引き出し」など。

2章　本多家の収納とことん

本多家の収納の作り方。巻き戻して、その工程すべて見せます！

この家には、1年半前に引っ越してきました。

引っ越しは、「さあ！空っぽの収納スペースが家中にあるよ、何をどう入れていく？」と新居に問われる作業です。収納大好きな私にとってワクワクの時でした。

考えたのは、これまでの暮らしのベースを新たな箱にどう合わせるかということ。また、今ある収納を活かして家具を増やさず、どれだけ生活スペースを確保できるかということ。どんな制約があっても、その中で最大限広くのびのび暮らしたいという思いがありました。

この章では我が家の収納と、システムづくりの考え方をご紹介します。持ちモノや習慣は十人十色。自分の収納が今よりベターになりそうな例を応用していただけたらと思います。

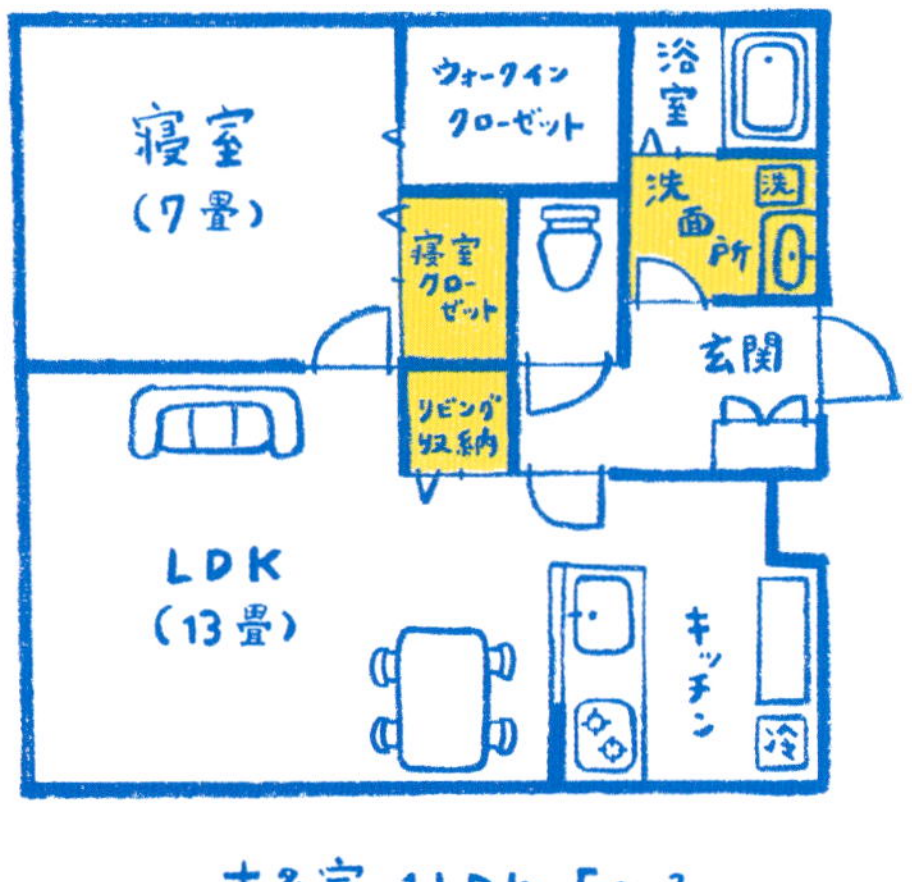

本多家 1LDK 50㎡

①リビングの収納をとことん活用する、の巻

before

高さ
50cm
幅 76cm
高さ
80cm
奥行 80cm
高さ
60cm

この収納スペースの特徴

高い、手が届かない

広い、奥行きがある

かがまないと取れない

ここに収納したいモノリスト

・身近な日用品
・仕事関連
（PCとプリンター、書類など）
・子ども関連
（母子手帳、書類など）
・保険、通帳など重要書類
・本、雑誌
・文房具、工具

リビングのここにあります!

after

上までしっかり活用

使用頻度が高くないモノの置き場所として

モノを うもれさせない

頻繁に読まなくても、背表紙がいつも視界に入ってくることで、読むチャンスが生まれる

取りやすさ＆片付けやすさ◎

とにかく日常でよく使う細々とした日用品や書類が集結

余白スペース①

中段に余白のスペースができて、モノの一時避難場所としても活用可

机代わりにも

出しておく場所のないプリンターも収納。キャスターをつけたので使う時は手前に引き出し、ここでそのまま使える

余白スペース②

取りにくい場所を無理に埋める必要はなし。モノが増えたら使える余白スペースに（子どもが喜ぶので一緒にここで遊ぶことも。扉があるので目は離さないようにします）

この収納、まず何から考える？

Step 1
収納のお宝ゾーンを見極める

リビングの一等地、なんとか攻略したい！
収納力はあるけれど、奥行きがあって使いづらそう……
場所的に細かいモノを収めたい
お宝収納ゾーン

①上段

棚板の奥行きが浅いため、ぎっしりモノを入れても手前に空間があり取り出しやすい。ただ、位置が高いため出し入れの頻繁なモノには向きません。天井までの高さがあるので、フルに空間を活用するには工夫が必要。

②中段

立ったままでどこにもアクセスできる収納の一等地。見上げて背伸びをしたり、かがんだりする必要がなく、取り戻しに負担がありません。日常的に出し入れのあるモノはこのゾーンに。

③下段

どう工夫をしても、かがまないと取れないのがこの高さ。かがむのは面倒なので、一軍のモノの収納には向きません。

**収納を考える時は、
①お宝ゾーンに使用頻度が高いモノ
↓
②余ったゾーンに使用頻度が低いモノ
の順番で行うのがおすすめ**

※逆に、めったに使わないモノを「どう考えても取りにくい」ゾーンに先に置いてしまうのも手です。

ここは、リビングダイニングに唯一の作りつけの収納です。一日の大半を過ごす生活スペースにあり、使い方次第で暮らしをいくらでも快適にできる可能性を秘めていると感じました。ただ、奥行きと高さのある大きな空間のため、細々とした日用品を収めるには「面を増やす」「仕切る」などの工夫をしなければ始まりません。引っ越してきて最初に、「まずはここを制せねば！」と思った収納です。

Step 2 面をつくってみる

まずは
お宝ゾーンから攻める

この収納の攻略ポイント

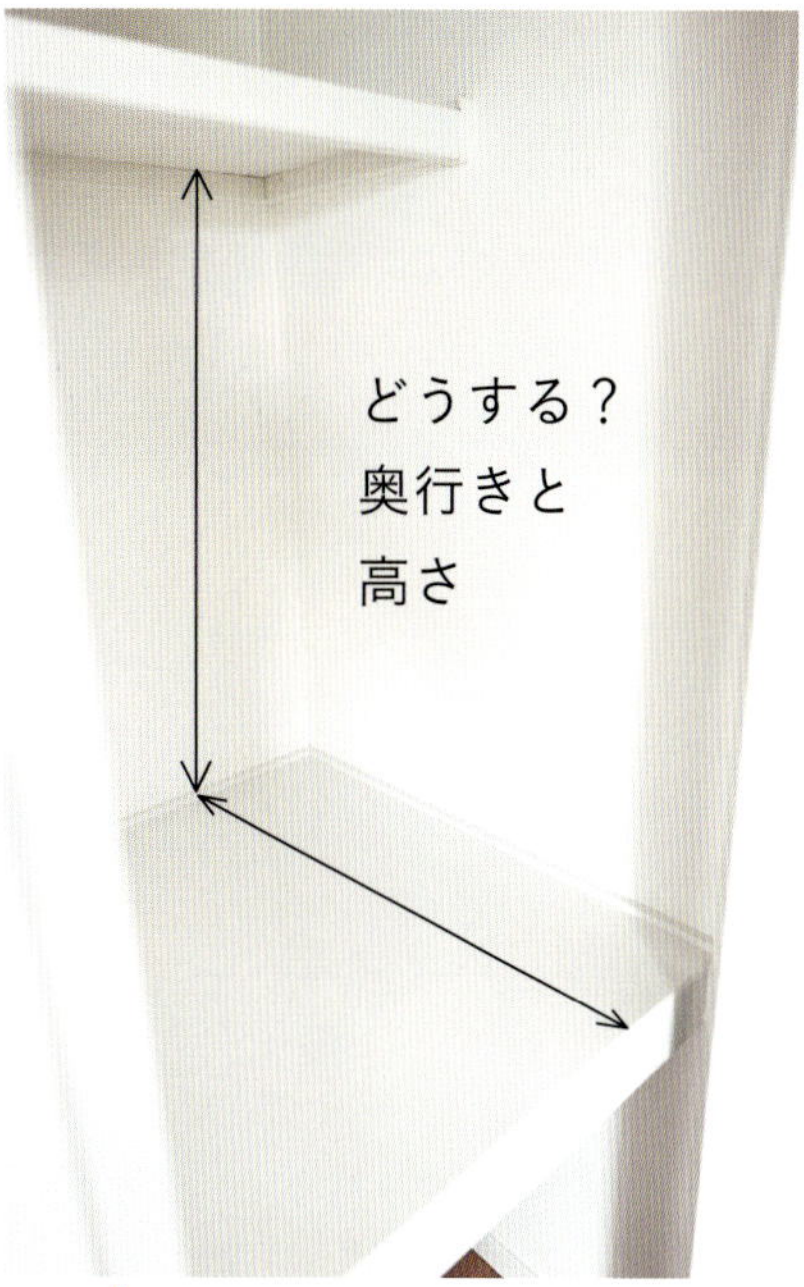

＼ ありがちパターン ／
手持ちの収納用品をとりあえず入れてみたけれど……

余ったスペースが不規則で使いづらい！

※とくに左の写真！ よく出し入れするモノを収めたいお宝ゾーンで、出し入れに不向きなふた付きボックス（保管向き）を使うのは避けたい！

奥行きや高さを攻略するには、
面をつくる
のがオススメです！

規則的で広い
（利用する時の自由度が高い）
面が３つもできた！

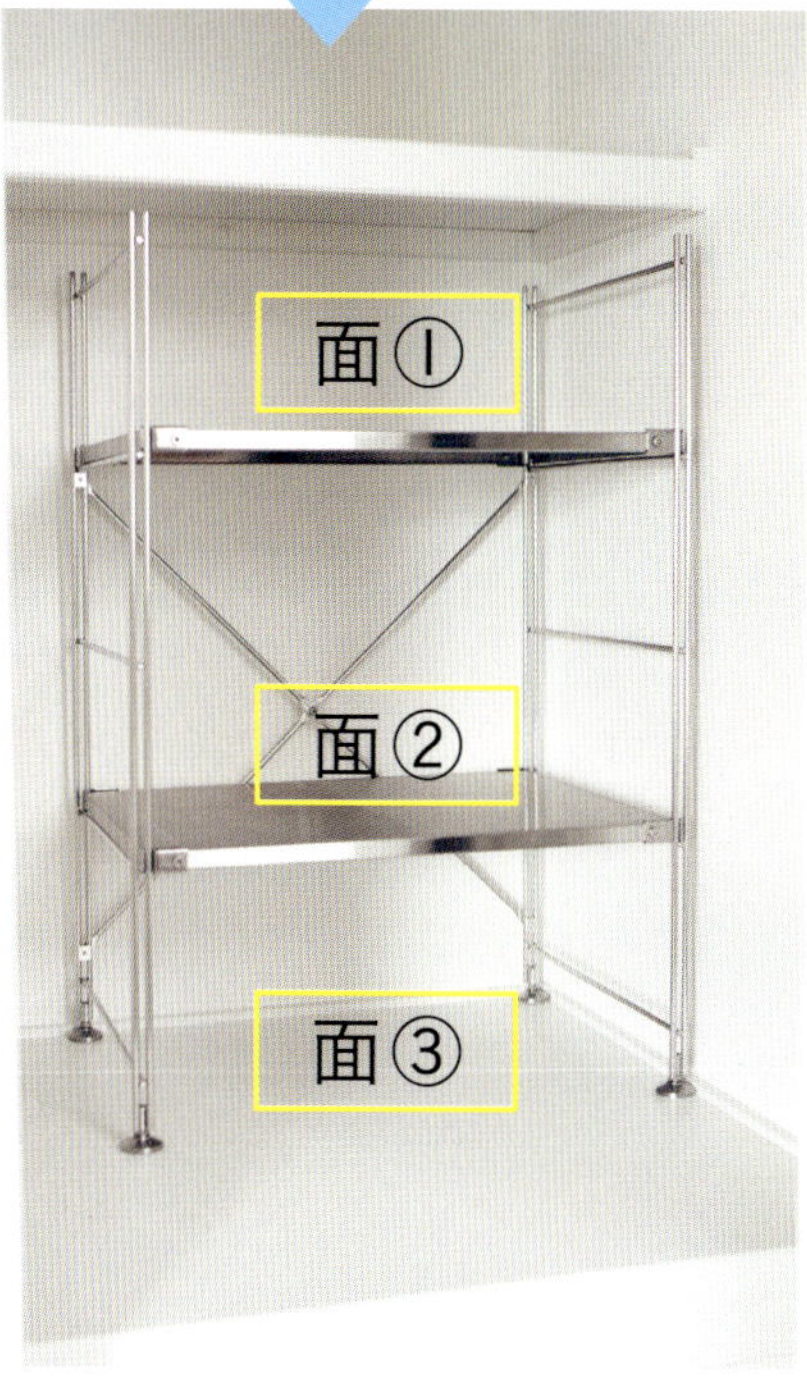

面づくりがしやすい
家具を入れてみる

以前から愛用していた無印良品のユニットシェルフ。スペースに合わせて自在にカスタマイズできるので、パーツを買い足してお宝ゾーンにはめこみました。

Step 3

面をつくってから引き出しを入れてみる

ここには日用品の
細かいものを収納したいので、
出し入れに便利な引き出しを
活用することに

リビング近辺で日常的によく使う文具などの細かいものを収めたい。奥行きがかなりあるので、奥のモノも手前に引き出せる引き出し収納を入れ込みます。

このスペースにちょうどいい引き出しはないかな？

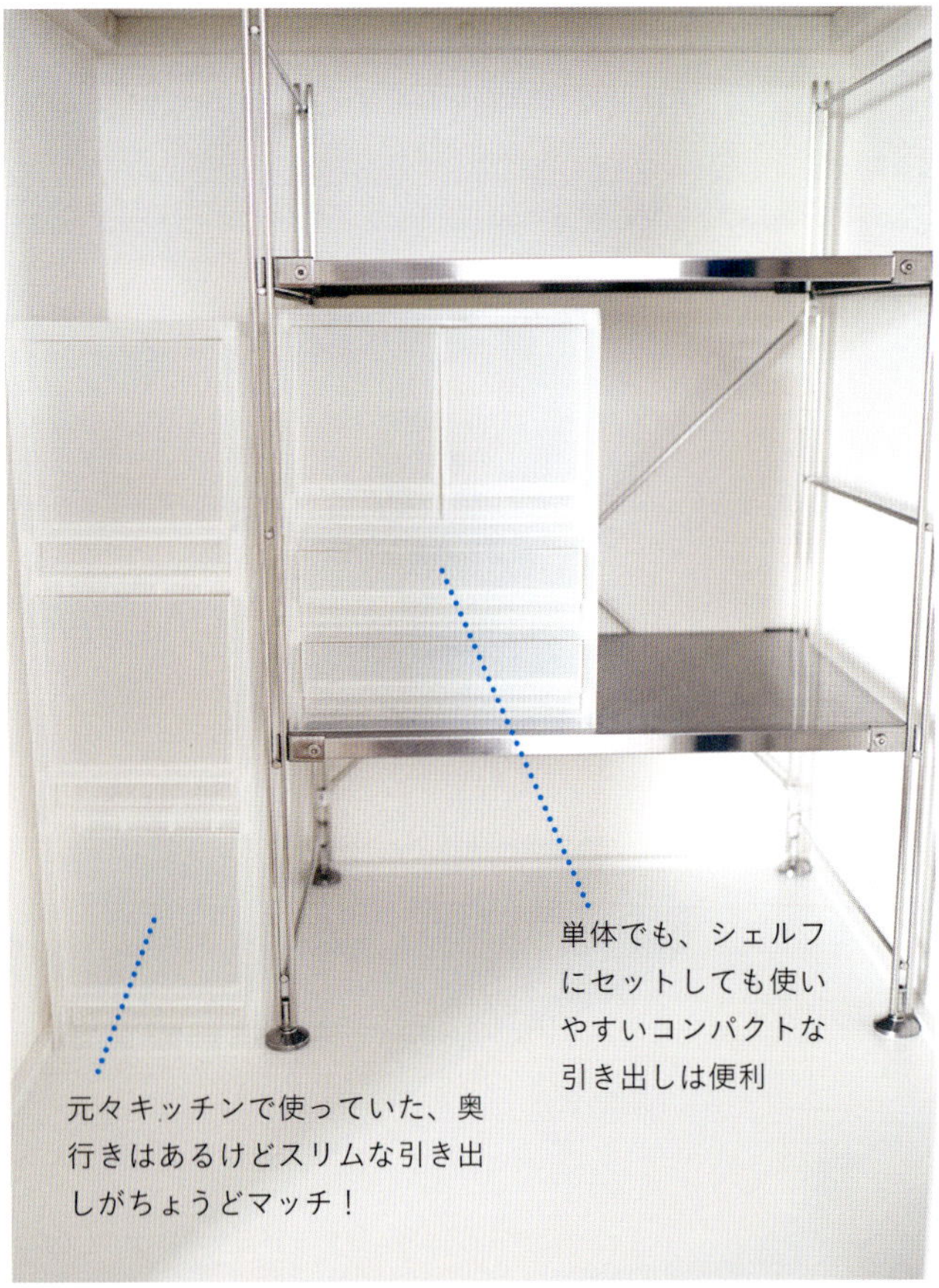

単体でも、シェルフにセットしても使いやすいコンパクトな引き出しは便利

元々キッチンで使っていた、奥行きはあるけどスリムな引き出しがちょうどマッチ！

扉を少しあけただけで出し入れできる！

\ Point! /

一旦入れたら
出し入れの
アクションを
シミュレーション
してみよう

面＋引き出しで
収納力と使いやすさ UP ！

Step 4

上段にも棚を入れてみる

土台を入れて空間を上下に分けることで、何にも干渉せずモノを取れる「面」を増やします。高い、広い空間にはとくに有効！

＼ 上段攻略！ ／

この収納の攻略ポイント

ここも奥行きと高さが問題。面をつくることで使いやすくなる！

横にして入れることで、さらに上に面ができた！空間を分割して使いやすく

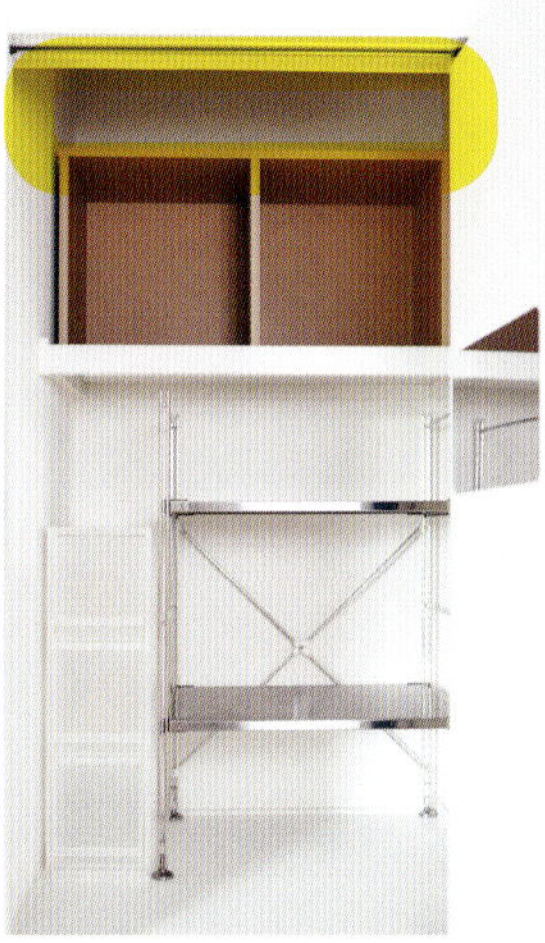

パルプボードボックスを入れてみる

縦置き・横置き、どちらでもA4サイズの書類が立てられるので、空間に合わせて使い方を選べます

after

before

収納のベース完成！

これで、ここに入れたい「文房具などの細々したモノ」「書類」「雑誌・書籍」のための面ができました。扉を開けたらその立ったままの姿勢で手の届く範囲「収納の一等地」にシステムを凝縮させています。

Step 5
使用頻度の高いものから収納してみる

暮らしの中で最も使うモノに、最もラクに出し入れできるスペースを与えましょう。「行動しやすく」「片付けやすい」部屋づくりの第一歩です。

使用頻度「高」のモノ
（私の場合、仕事、子ども関連など）
から入れていこう

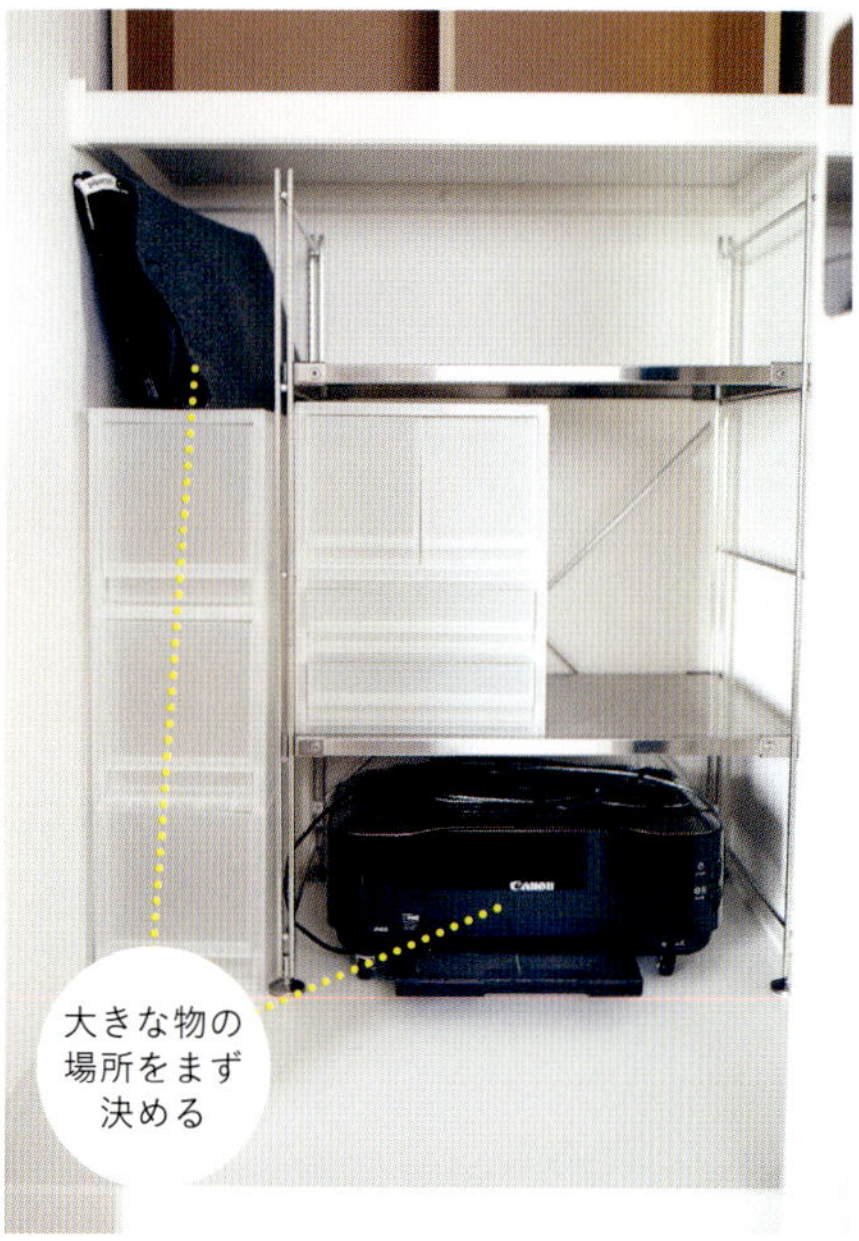

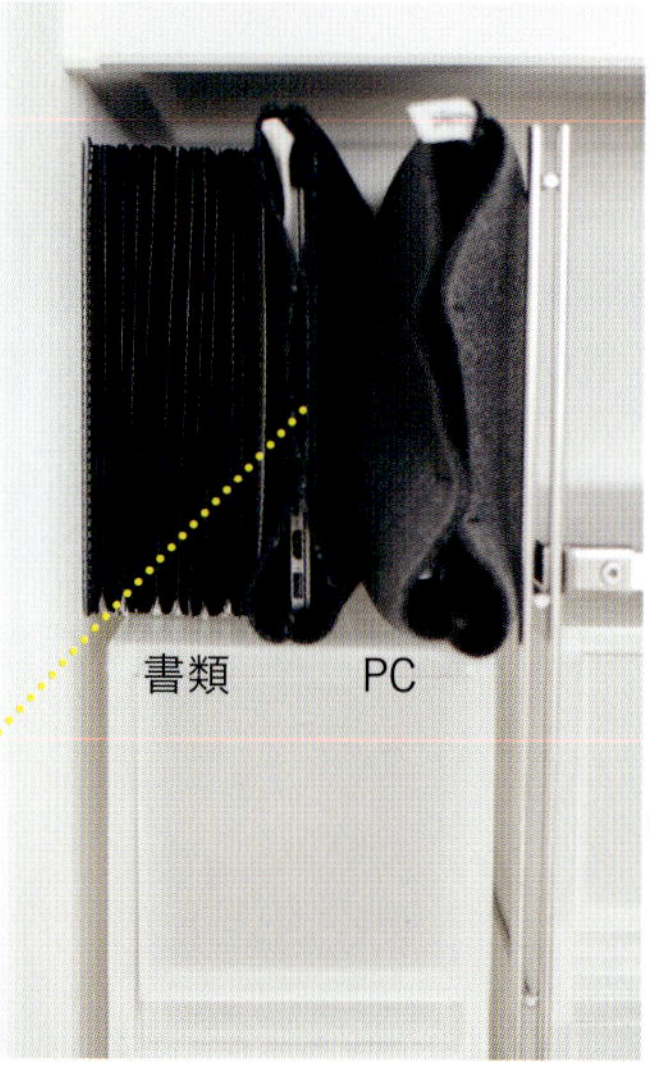

扉を全部あけなくてもよく使うモノが取れる！

仕事で使うPCと明細などを投げ込むファイルは、扉を開けてすぐのこの位置に。寝かせると面を食うので立てられる場所がベスト。

ファイルボックスのメリット

例えばブックエンドでは重みでファイルが崩れることも。ファイルボックスなら3面で支えられ、書類がなだれません。「このボックスは子ども関係」「仕事関係」と分類でき、整理する際はボックスごと引き出せばOK。

Step 6
本をまた読みたくなるよう収納

本や雑誌などの読み物は、所有するなら読まなければ意味がありません。しまいこむと存在を忘れて読まなくなるので、自然と目に入る状態が理想です。

買ったばかりの本は1軍として普段本を読む場所（リビングのソファ横）にあります。ここにあるのは2軍（一度読んだ）の本なので、文具などを入れた残りの箇所、かつ目に入り、読むきっかけを作る場所に収めました。

できるだけ本は二列にしたくないなあ

文庫はBOX収納がラク

本をすべて横一列に並べると、小さい文庫の上にデッドスペースが。また他の本の奥へと埋もれがちなので、ボックスにまとめました。読みたい時は丸ごと取り出して。

下のふた付きBOXにはプリンターのインク、ボールペンのリフィル、付箋の予備など「文房具ストック」をまとめて。その上のBOXには頂いた名刺を管理。

＼ 本の収納完成！ ／

Step 7

空きスペースも活用してみた

ボックスを入れたことで、上段のさらに上に収納可能「面」が生まれました。ここには、めったに取らないけど「保管する意味のあるモノ」を収めたい。

高いところの隙間も利用できる！

手が届かないところ
なんだけど、
置きたいモノは
あるんだよね

高いところはラベリングで見える化

保管するモノは、「ここに保管されていることがわかる」ように収めなければ行方不明に。外側から中身がわかるラベリングが重要。

ファイルBOXで倒れないように

息子にはまだ早い絵本の出番待ちゾーンとして、ファイルボックスを設置。そのうち息子の遊びスペースに降りていく予定です。

普段使わないモノをここに

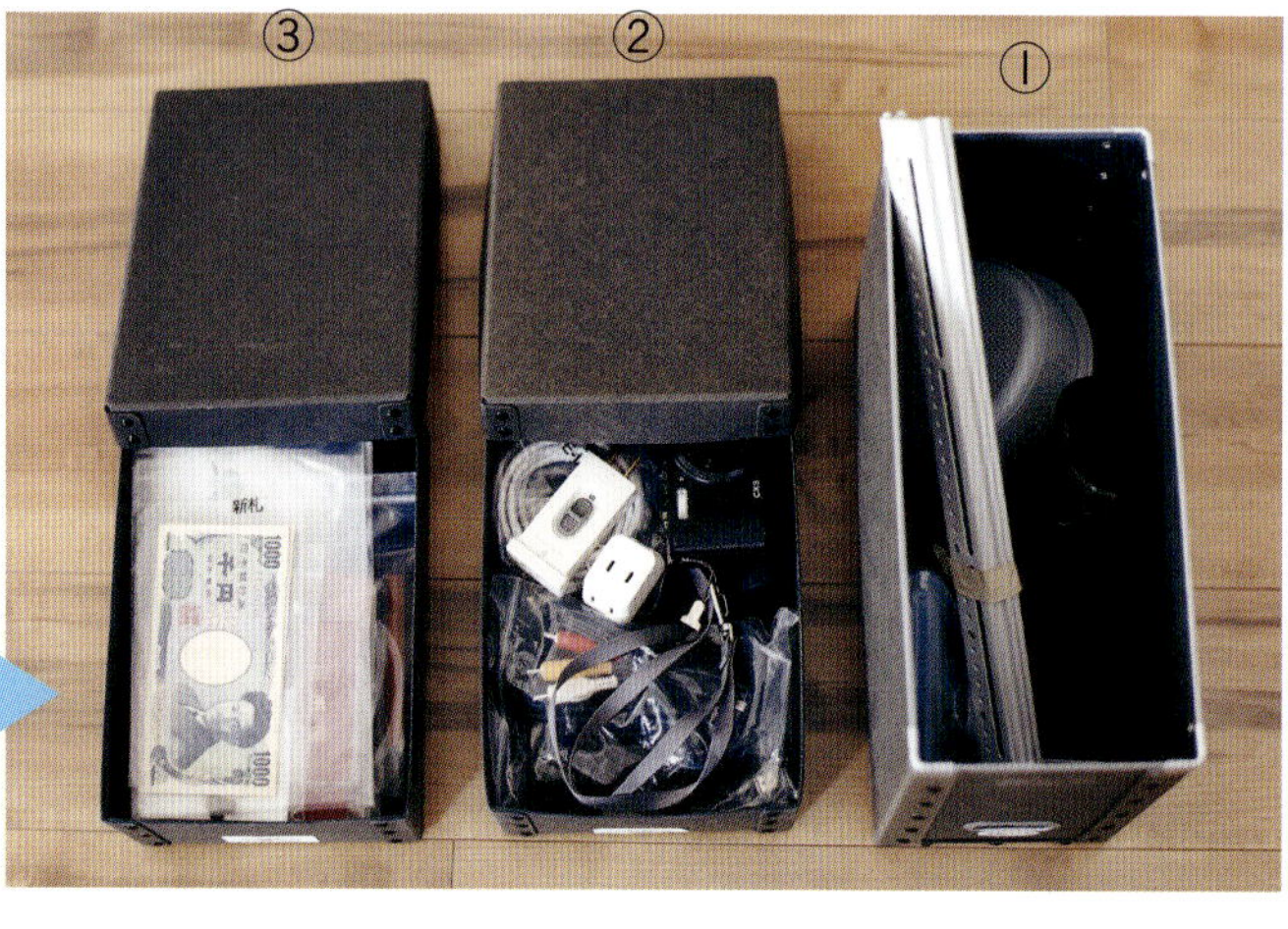

①賃貸だから捨てられない、換気口のフタなど部屋の部品類。②念のために持っているコード類③パスポートやご祝儀袋（新札も一緒に）、息子のへその緒など大事だけれどめったに出さないモノ。ぎりぎり手が届く高さなので、ボックスは積まずどれも取れるように。

入れたいモノのかさと引き出しの深さをうまくマッチングすることが大切！

Step 8

モノに合わせて引き出しを選ぶ

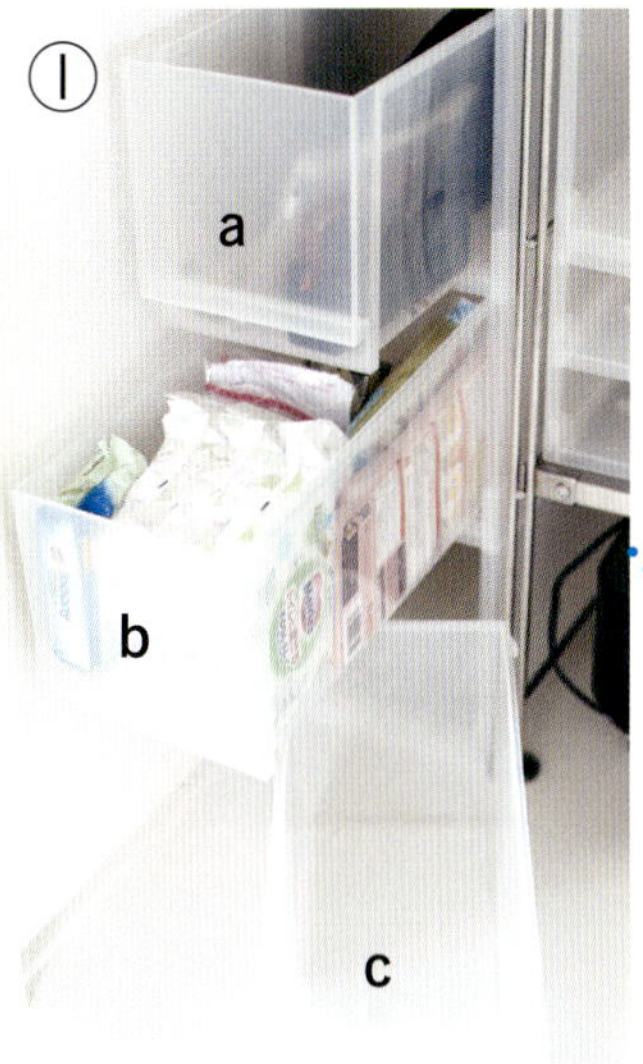

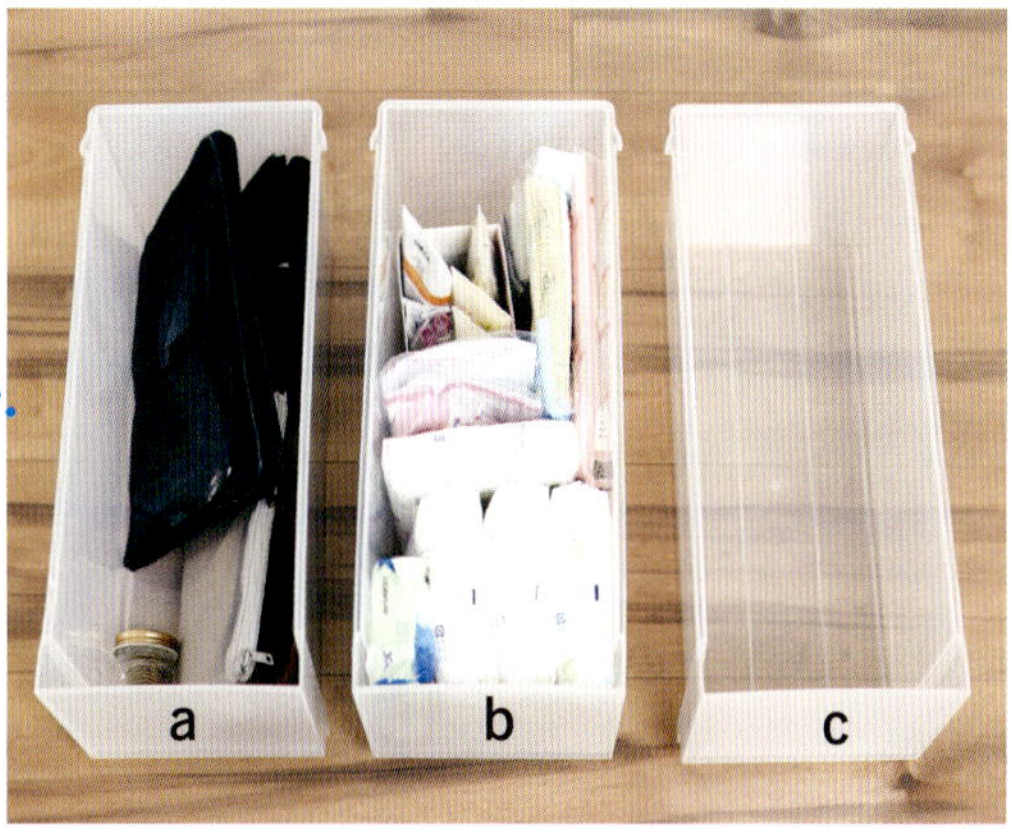

奥行きスペースを利用した引き出し

a夫スペース。ざっくりモノを入れられる深い引き出しは夫にぴったり。bおしり拭きなど息子のケア用品ストック。cベビー服を畳んで入れるのにちょうどよい深さ。成長した今は服をおむつ横に移動させたので、空になっています（空は将来のため無理に埋めません）。

深めの引き出し

d工具。透明のテープ一本でガムテープもセロハンテープも代用しています。e名刺、無印良品のパスポートケースに入った母子手帳、銀行通帳など。深い引き出しは、平たいモノを立てて収納したり、形がまちまちなモノをざっくり入れておくのに向いています。

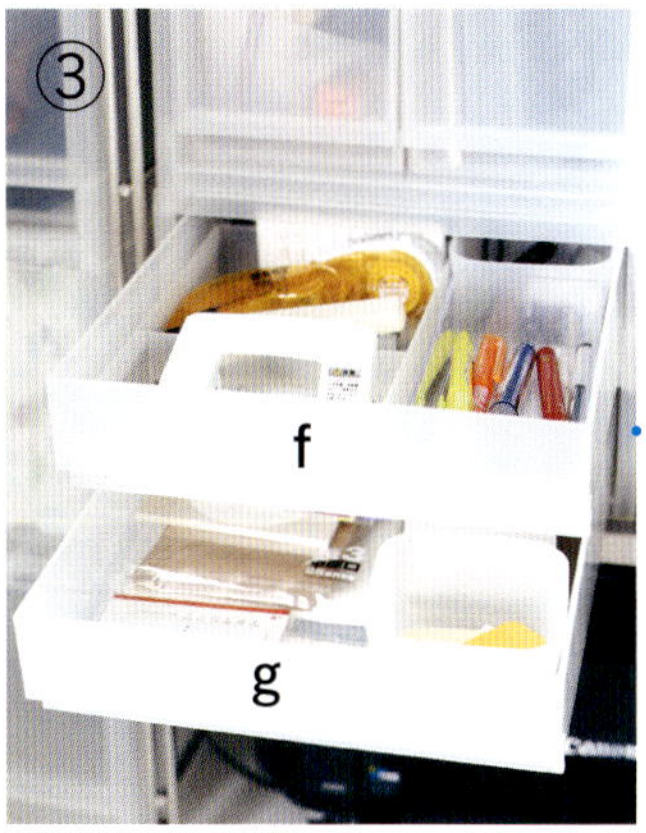

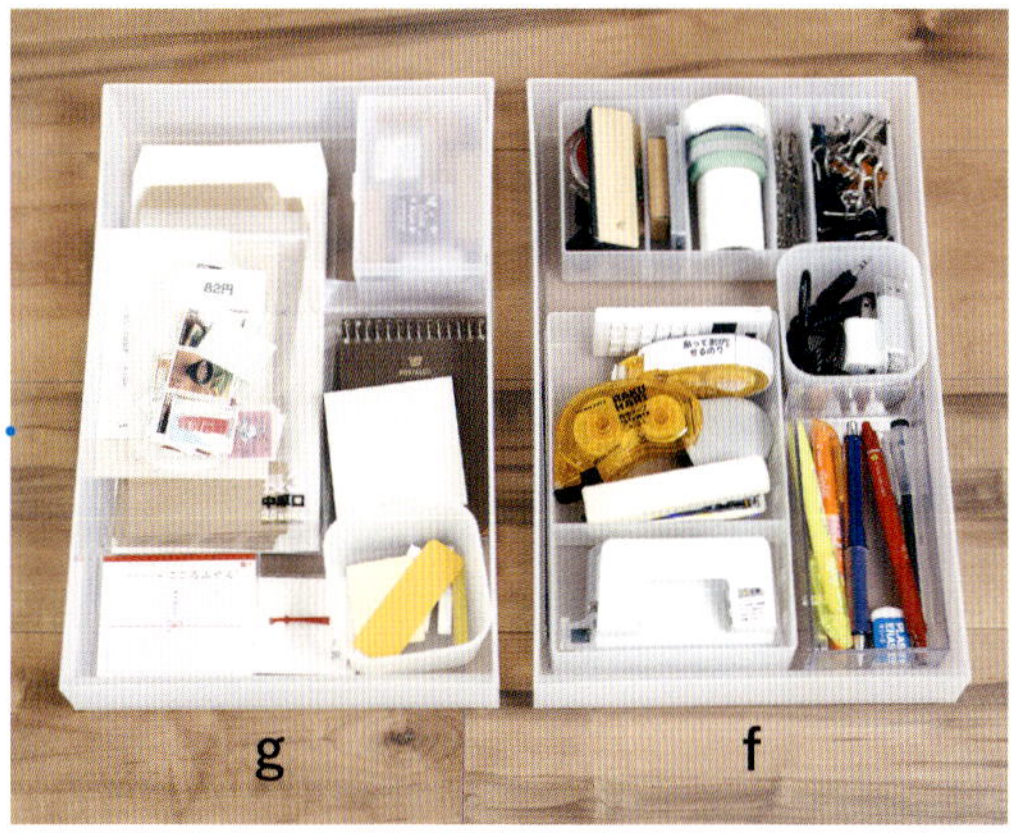

浅い引き出し

f 一般文具。筆記用具、クリップ、マスキングテープ、USB、ホッチキスなど。g 紙もの文具。メモ帳、ふせん、切手、封筒、ハンコセット。重なると下になったモノが取りにくいので、小さな文具には平たい引き出しが向きます。ボックスで仕切って定位置管理。

Step 9

壁面も活用してみた

つっぱり棒が張れて、モノを吊るしてもほかのモノのジャマにならない場所は、吊るし収納の絶好ポイント！　お宝ゾーンを大幅に増やすチャンスです。

つっぱり棒の力を借りて、壁面もお宝収納ゾーンに変身！

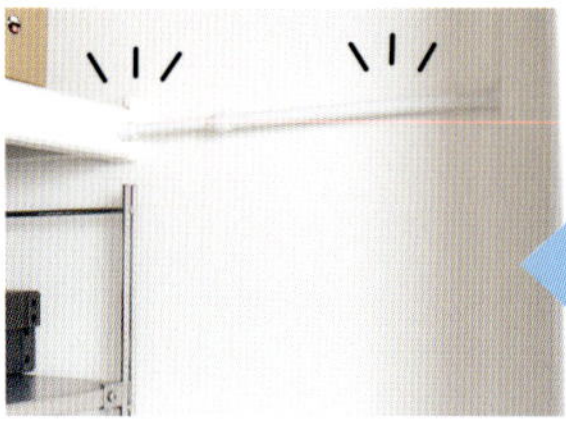

つっぱり棒を渡す

クローゼット上段の棚板と、扉手前の柱の間に“つっぱりポイント”を発見！

金属製ならチープに見えない

つっぱり棒に100円ショップのラックパーツを結束バンドで取りつけ、用途に合わせてバスケットやフックもチョイス。金属製なので、チープに見えないところがいい。

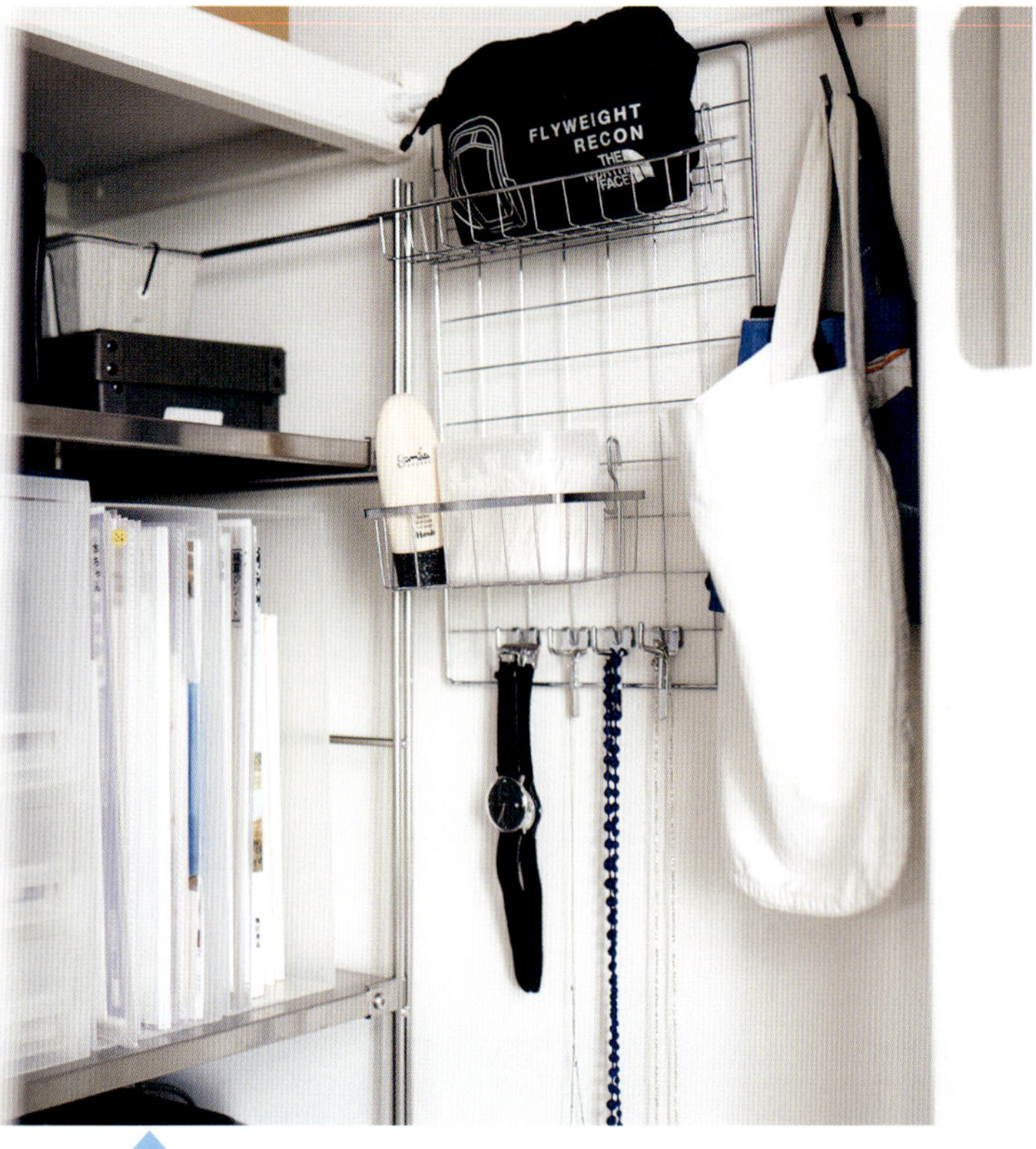

動線に沿ってここに置きたいモノたちを

出かける時にパッと取りやすい玄関への動線上であることを利用して、吊るしておきたいネックレスや腕時計、エコバッグなどを収納。リビングで毎日使うけれど子どもの手が届いてほしくない綿棒もここに。

完成！

この収納の
\ Point! /

①お宝収納ゾーンはどこか見極める

②お宝収納ゾーンに使用頻度「高」のモノを収納

③奥行き・高さは面をつくって解決

④手持ちの収納用品を活かす

⑤壁面もほっとかない

最上段にもつっぱり棒を

上段の棚板が浅く、手前が空いているので、横につっぱり棒を渡して息子の上着をかけました。少量なので奥の雑誌の出し入れに影響はなく、上着と外出小物を同じ場所にしたので外出準備がとてもラクに。

あえて手前の面はあけておく！

プリンターを手前に引き出したり、モノをちょっと置ける机として機能。生協のカタログ等のために「とりあえず置き」も設置して散らかりを防止。

②寝室のクローゼット収納をとことん活用する、の巻

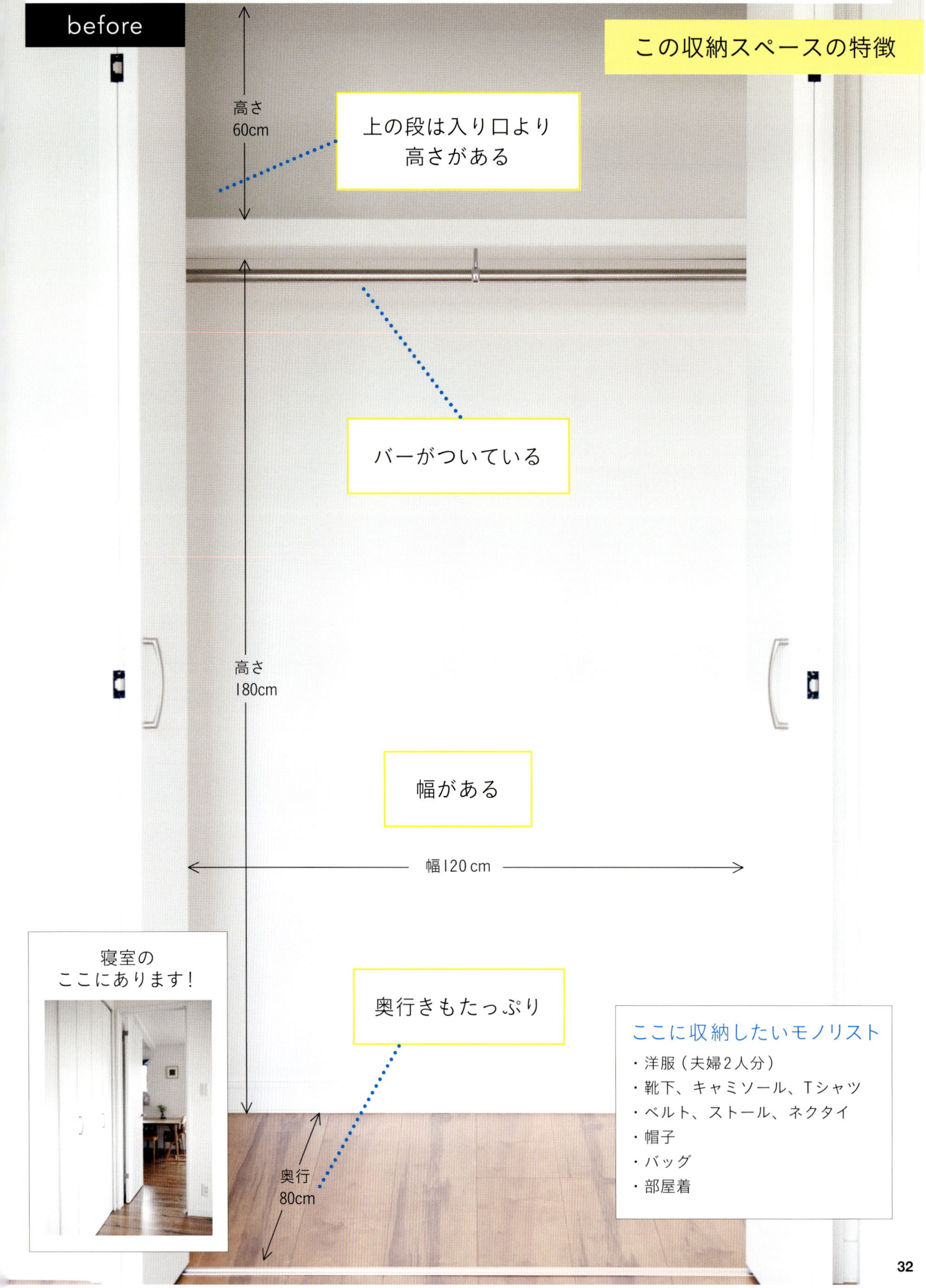
before
この収納スペースの特徴
高さ
60cm
上の段は入り口より
高さがある
バーがついている
高さ
180cm
幅がある
幅120 cm
奥行きもたっぷり
奥行
80cm

寝室の
ここにあります!

ここに収納したいモノリスト

- 洋服（夫婦2人分）
- 靴下、キャミソール、Tシャツ
- ベルト、ストール、ネクタイ
- 帽子
- バッグ
- 部屋着

after

目指すは
選びやすい
クローゼット

持ち服が一目ですべて見渡せる。空間にゆとりをもたせ、パッと選びやすい収納方法に

収納面を増設

上段に棚を置いたことで、上面にも収納ボックスを置けるように。誕生した最上段にはシーズンオフの服を

すべてを
ワンアクションで

吊るし収納とオープン収納のみなので、どのアイテムも出し入れがワンアクションでできる

左右、人別で
分類

真ん中から右は私、左は夫とはっきり分類。左右対称でわかりやすく、管理しやすい

掃除の
しやすさを重視

部屋からの延長線上で掃除できるよう、床に接地するモノは最低限に

この収納、まず何から考える？

Step 1

収納方針を決める

できるだけ吊るしたい！
下をあけて風通しよくしたい
かがまずに取りたい！

①枕棚

高さがあり、押し入れの天袋並みの容積を持っています。下半分くらいまでしか手が届かないので、上下で仕切って下「日常使うモノ」、上「めったに使わないモノ」に分けたいと思いました。

②吊るし

以前の家では長い服を吊るす場所がなかったので、今回はこのクローゼットを大いに活かしたい。もともと服をたたむのが好きではないし、一覧性のある吊るし収納は理想。とはいえ横幅がさほどないので、すべての服は吊るせません。ここの空中戦が勝負の肝！

③床

試しに一度引き出しを置いたのですが、かがむのは面倒だし開けないと見えないしで撤収。布団と衣類の部屋なのでホコリが溜まりやすく、下は掃除のしやすさが重要と感じました。

クローゼット収納に求めるもの

衣類収納で大切なのは、「一ヵ所」で「立ったまま」着替えられるシステム。最も取りやすい「ポールの吊るし服」を中心に、持ち服や服飾品を一望できてパパッとコーディネートできるクローゼットが理想です。服の量に対してお宝スペースが足りない場合は、私は服を減らしています。

吊るす vs たたむ

- 吊るすのが好き
- 全部吊るせたら一覧できて便利
- なるべく下にモノを置きたくない

Step 2

人別に吊るしてみた

「クローゼットを開けて、引き出しを開ける」の2アクションは大変なので、中のモノはオープン収納に。小物も吊るせるホルダーを、前の家から引き続き使用します。

大好きな吊るしの収納用品を入れてみる

出し入れしやすく戻しやすい

このホルダーに入る分と決め、モノを数量調整。中身がだいたい見えるし、少なく収めれば取り戻しもラクです。

人別に分けたら使いやすいかも？

人別に左右に分けて収納

センターラインで夫・妻それぞれで分けたことで、扉を片側だけ開ければ自分の服が取れます。

ハンガーを揃えるとスッキリ！

扉を少し開ければアクセスできる位置

丈の長いものは
両端に

夫はパンツ、私はワンピースやローブなど丈の長いものを端にかけているのは、短いもの（トップス）よりも取り出す頻度が低いから。

真ん中に
アキスペースを確保

ここを開けておくことで、扉一枚だけを開けて一歩踏み入れながら服の出し入れが可能に。ちょっとしたことでも毎日のラクにつながる。

夫
上から

・Tシャツ
（入浴後に着替える部屋着）

・インナーTシャツ
（平日Yシャツの下に着るもの）

・靴下
（平日・休日用のすべて）

私
上から

・カップつきインナー、レギンス
（入浴後に着替える部屋着）

・靴下
（シーズンオフのものは
メッシュポーチに入れて奥に。
同じ場所にあれば存在を忘れない）

・キャミソール、タイツなどの
インナー類
（シーズン毎に入れ替えて）

この収納の攻略ポイント

高さ
（扉の上辺より天井が高い！）
があって使いづらい……

たたみものを
収納するところが
ほしいな

縦置きで使っていた
ボックスを、横にして
入れてみました。

Step 3
枕棚の活用法を考えてみた

枕棚から天井までは60cmもあり、実は収納力バツグン。ボックスを置くことで空間を分割して、上下それぞれで活用することにしました。

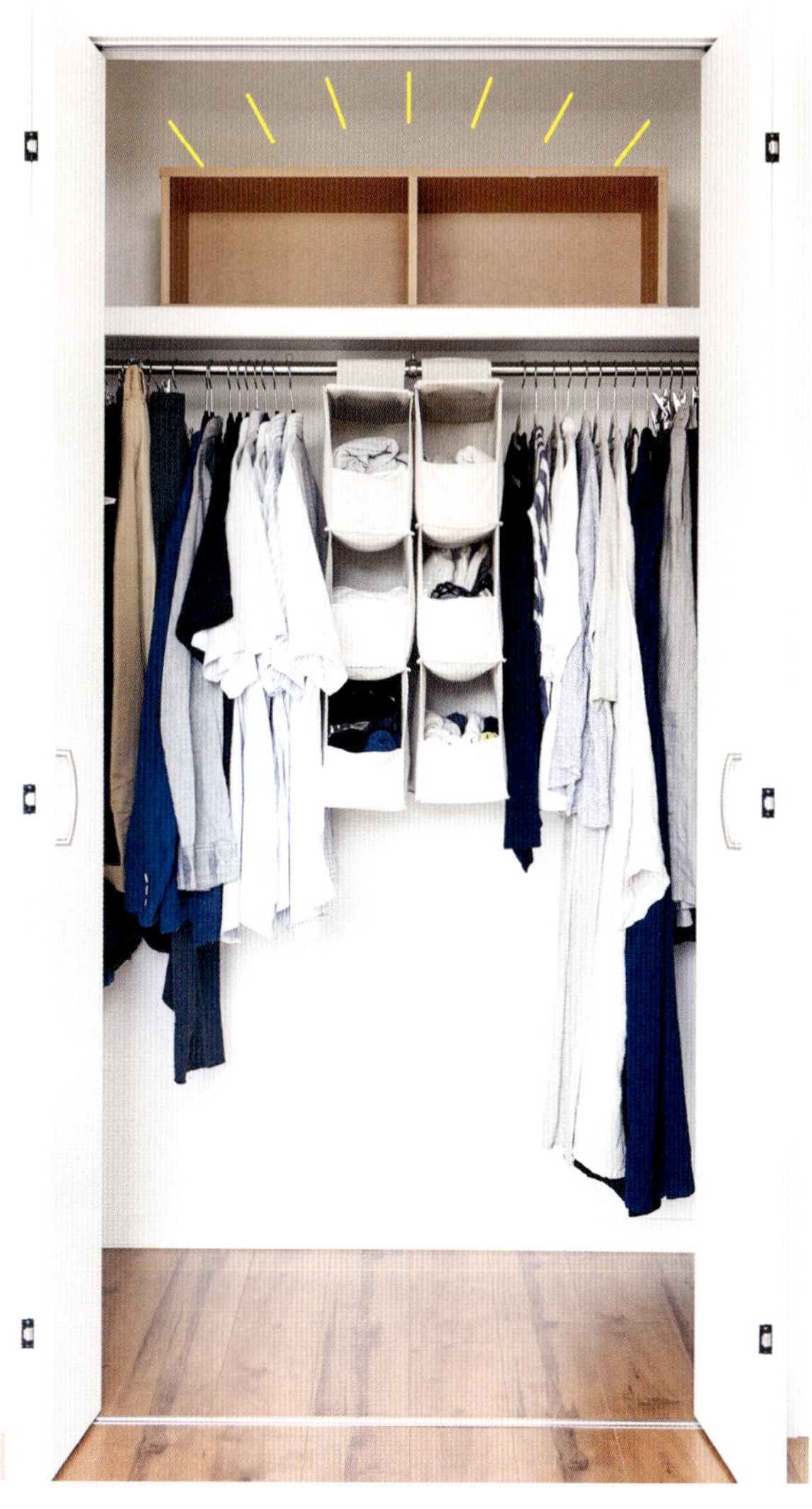

面ができた！

空間が分割されて
収納力大幅UP！

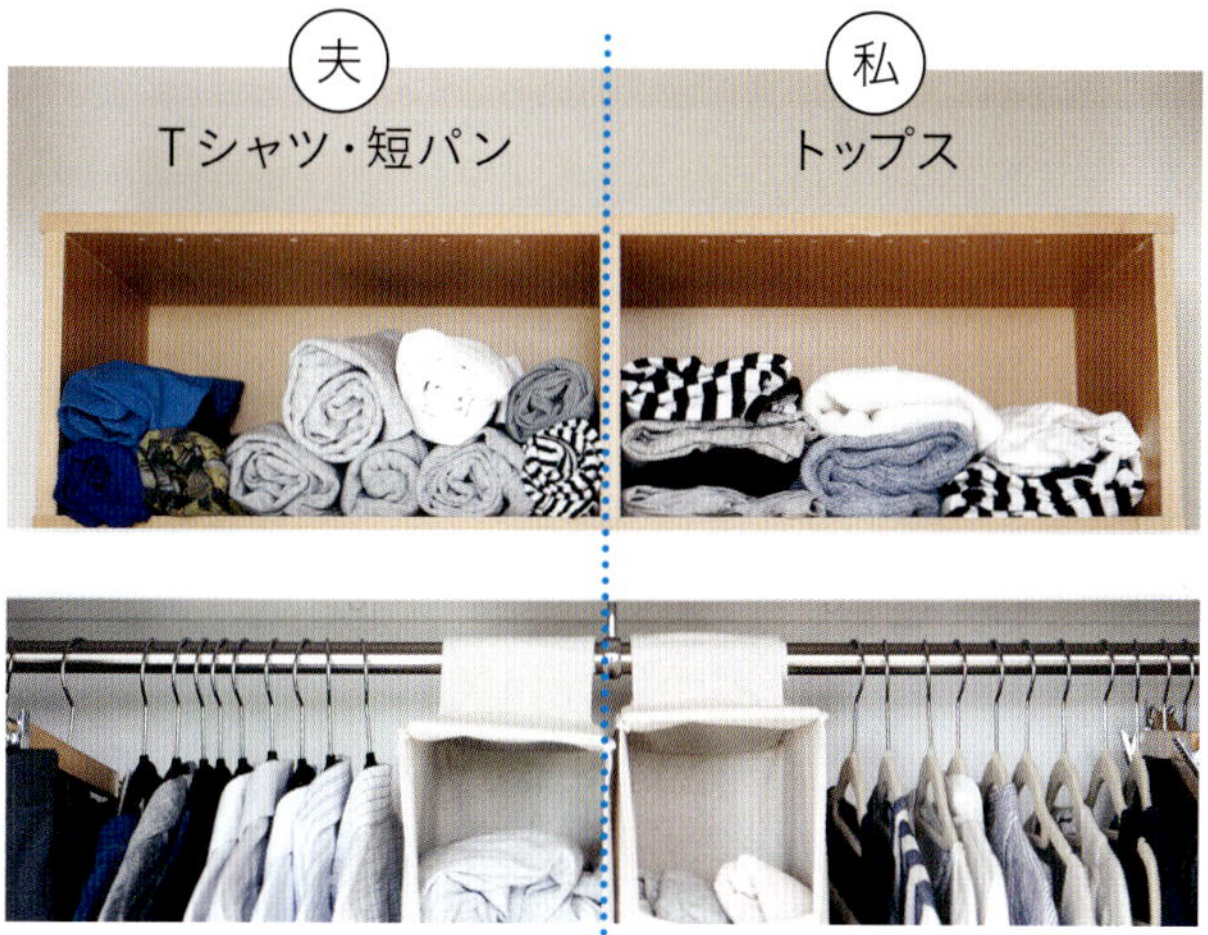

オープン棚にたたみものを収納

理想を言えば、Tシャツも吊るしたい。けれどポールの幅に限りがあるので、たたんで棚にオープン収納。こうすれば服が隠れてしまうことがありません。夫のTシャツは大きいので、取り戻しする際に崩れないよう棒状に丸めて。冬はニットをここに入れます。

Step 4
出番待ちのモノを収納してみた

棚を入れたので
面ができ、
新たな上段が
生まれた！

高くて取りにくいところ
だから、普段使わないものを
ここにしまおう

高い所には持ち手付きの収納用品が便利

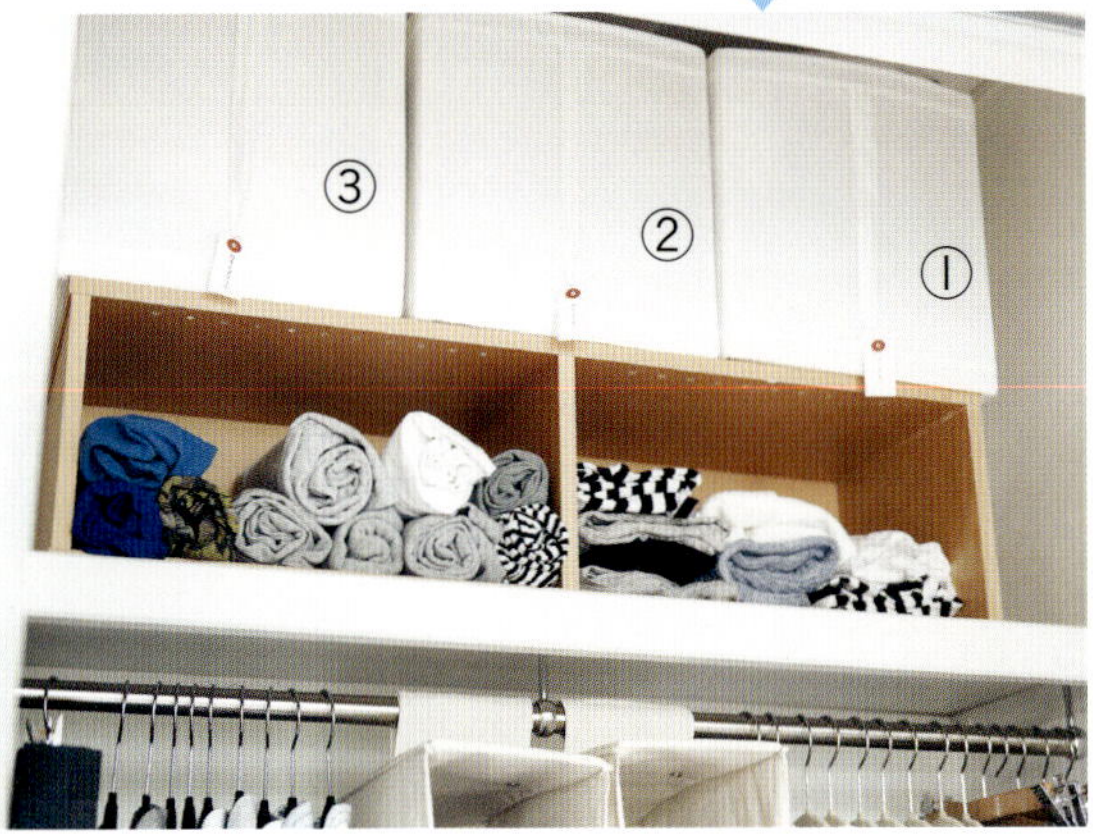

布製で軽く、持ち手のついたSKUBBボックスは高い所の収納にぴったり。引っ張り出しやすく、落としてもけがや損壊がありません。

①夫のシーズンオフ服。②私のシーズンオフ服③息子のサイズアウト服。それぞれ、取っ手部分に中身を書いたタグをつけてラベリングしています。

Step 5
壁面に小物を収納してみた

クローゼットの側面は、たいていの場合つっぱり棒を張れる余地があるもの。棒は吊るし収納のベース。見やすく取り戻しのしやすいお宝ゾーンの増設です。

つっぱり棒
マジックで
壁だって
収納スペースに

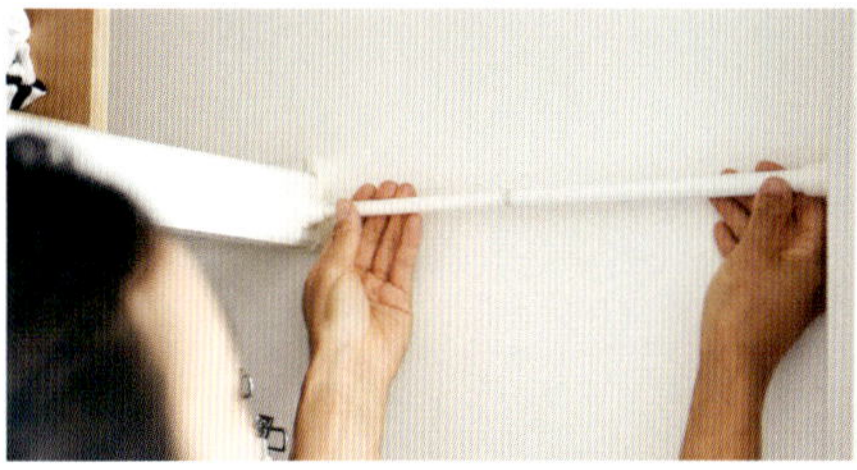

つっぱり棒の設置の仕方

必ず設置場所の幅を測って買いに行きます。つける時は片方をほんの少し下げて突っ張り、最後にまっすぐに押し込むと強く張れます。

渡したつっぱり棒に、吊るすモノに合わせたフックを下げます。ストールを取りやすいものや、横ぶれしないものなど種類はさまざま。服飾小物もしまいこまずに吊るしておけば、使う機会が増えてコーデの幅も広がりそう。

フックをプラスして

つっぱり棒の下段に
ループ付きの入れ物をセット。
中には大判のストールを

クリップでバーにはさむタイプのフックはつっぱり棒とセットで使えば、フックが落ちるストレスがなく位置も固定されるので、吊るしたいものに合わせられて便利。

固定される
フックが便利

つっぱり棒は2段にも

保育園の準備が入ったバッグや革のかばんを吊るすため、耐荷重の大きいつっぱり棒を採用。クローゼットの背面までつっぱる必要があるため、長さも必要です。

夫スペースの壁面

夫は帽子好きなので、上部に長いつっぱり棒を渡してたくさんかけられるようにしました。下にはネクタイ、ベルト、かばんを。

完成！

この収納の

\ Point! /

①吊るし収納

②人別収納でわかりやすく

③枕棚は空間を分割して活用

④小物収納は壁面を使う

⑤床面は部屋の延長のような風の通るスペースに

出しっぱなしになりがちな部屋着も中に

夫婦それぞれが脱いだ部屋着を入れる布製のバスケットはここに。あえて大きめにして冬場プラスされるカーディガン、レッグウォーマーなどもざっくりまとまるように。手前には子どものおむつストックも。ここを定位置にしたことで、部屋の掃除機がけの妨げになりません。

③ランドリーの洗濯機上、収納スペースとして生かす、の巻

before

この収納スペースの特徴

ここに収納したいモノリスト

- 洗濯洗剤、漂白剤など
- ハンガー、角型ピンチ
- バスタオル、フェイスタオル
- 下着
- 洗濯ネット
- ドライヤー
- メイクセット
- ランドリーバスケット

after

家具の導入で収納が0から大幅プラスに

洗濯機上にラックを導入し、洗面所に必要なモノの定位置に

吊り下げラックでタオル収納を2階建てに

簡単に設置できる吊り下げラックで、タオルの大小を分類

サイドも無駄なく

ラックのサイドにフックをつけ、ピンチハンガーを吊るし収納。

自作のコの字ラックで不可能を可能に

洗濯機のホースの上に、サイズを合わせたコの字ラックを自作。引き出しを置くことが可能になり、下着や洗濯ネットを収められた

ランドリーラックにはバーが必須

洗濯物は洗濯機の場所で干すため、ここにバーがほしい

右利きなら道具は右側に

洗剤やハンガーなどの道具を右側に置くと、右利きの人はスムーズに取れてストレスなし

この収納、まず何から考える？

ここに必ず欲しいのは、入浴と洗濯に必要なモノを置く「棚」。そして洗濯物を干す時の「バー」のふたつです。

ここを
なんとかしたい！
広〜くあいた
上の空間！

洗濯機の上の
何もない空間が
もったいない……

収納するものも
多いから、
面があれば……

ランドリーラック
購入を検討する？

Step 1
ランドリーラックを導入してみた

ランドリーラックに求めるもの

①高い位置まで面を利用できる
②バーがついている
③シンプルなデザイン

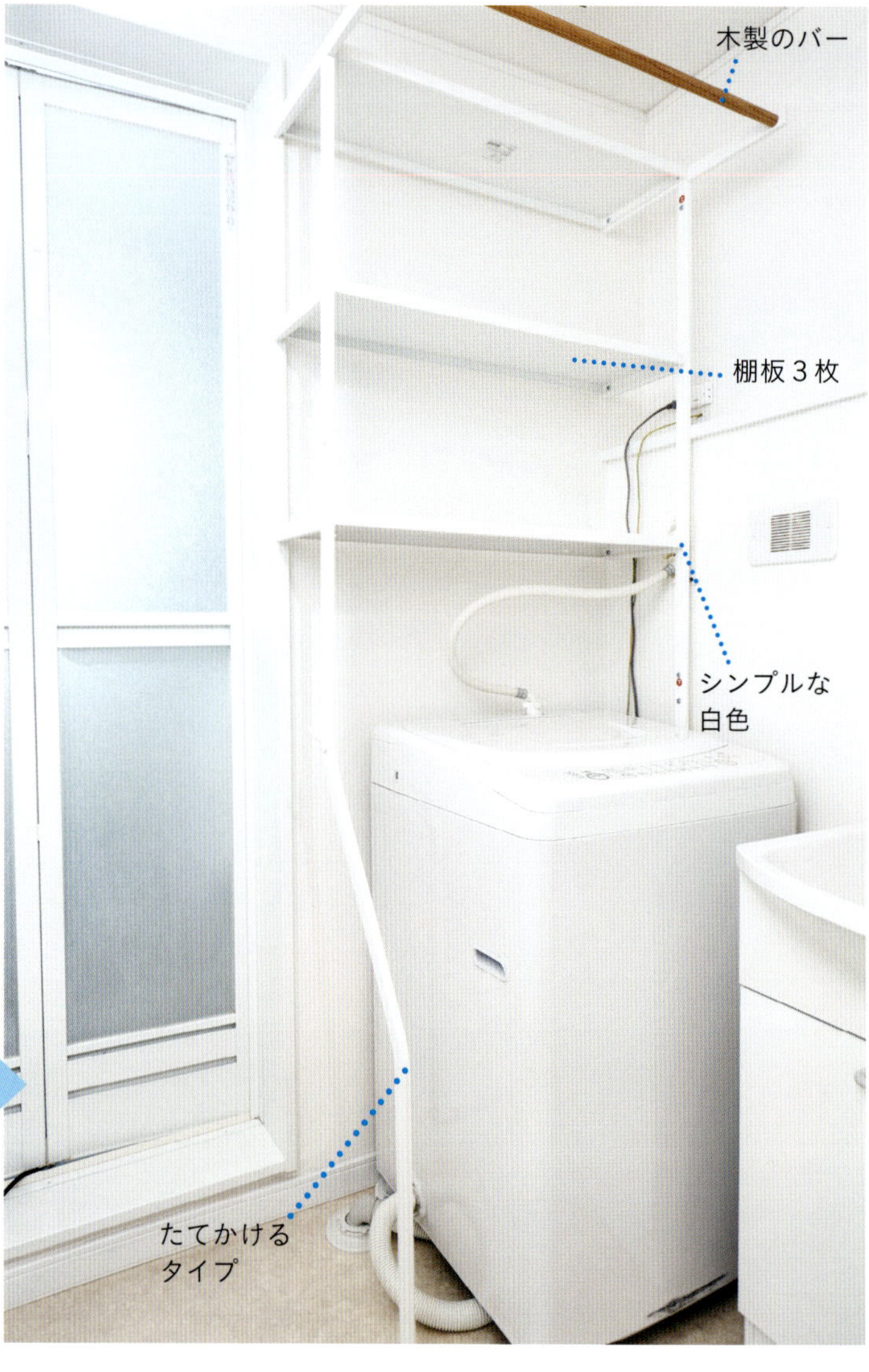

木製のバー
棚板３枚
シンプルな
白色
たてかける
タイプ

このランドリーラックに
ひと目惚れしました！

インターネットで画像検索し、「バー付き」を探して、サイズを確認し、これに行きつきました。（立て掛けランドリーシェルフ タワー ホワイト／山崎実業株式会社）

Step 2

洗濯動線が よくなる収納を 考えてみた

洗濯作業もお風呂上りも、効率よく動けることが重要です。それは、このラックでつくる収納システム次第！ よく使うモノほど、最も取りやすい場所へ。

洗剤は
もともとあった
段差を利用

洗濯機の前に立った時に右手で取りやすい位置です。右から粉せっけん（洗濯用）、重曹せっけん（掃除全般用）、せっけん＋酸素漂白剤（おむつ浸け置き用）、柔軟剤（時々洗濯に）、漂白剤。それぞれが使いやすい形状で、シンプルな容器に詰め替えています。

ファイルボックスに入れて
液だれ防止

よく使うモノには
特等席を用意する

ランドリーバスケットに1段使うのはもったいないようだけど、動線を考えるとココ！

NG!

洗濯機上に

ありがちだけど
使うたびに
どかすのが面倒……

NG!

床置き

足元のスペースが
狭くなる……

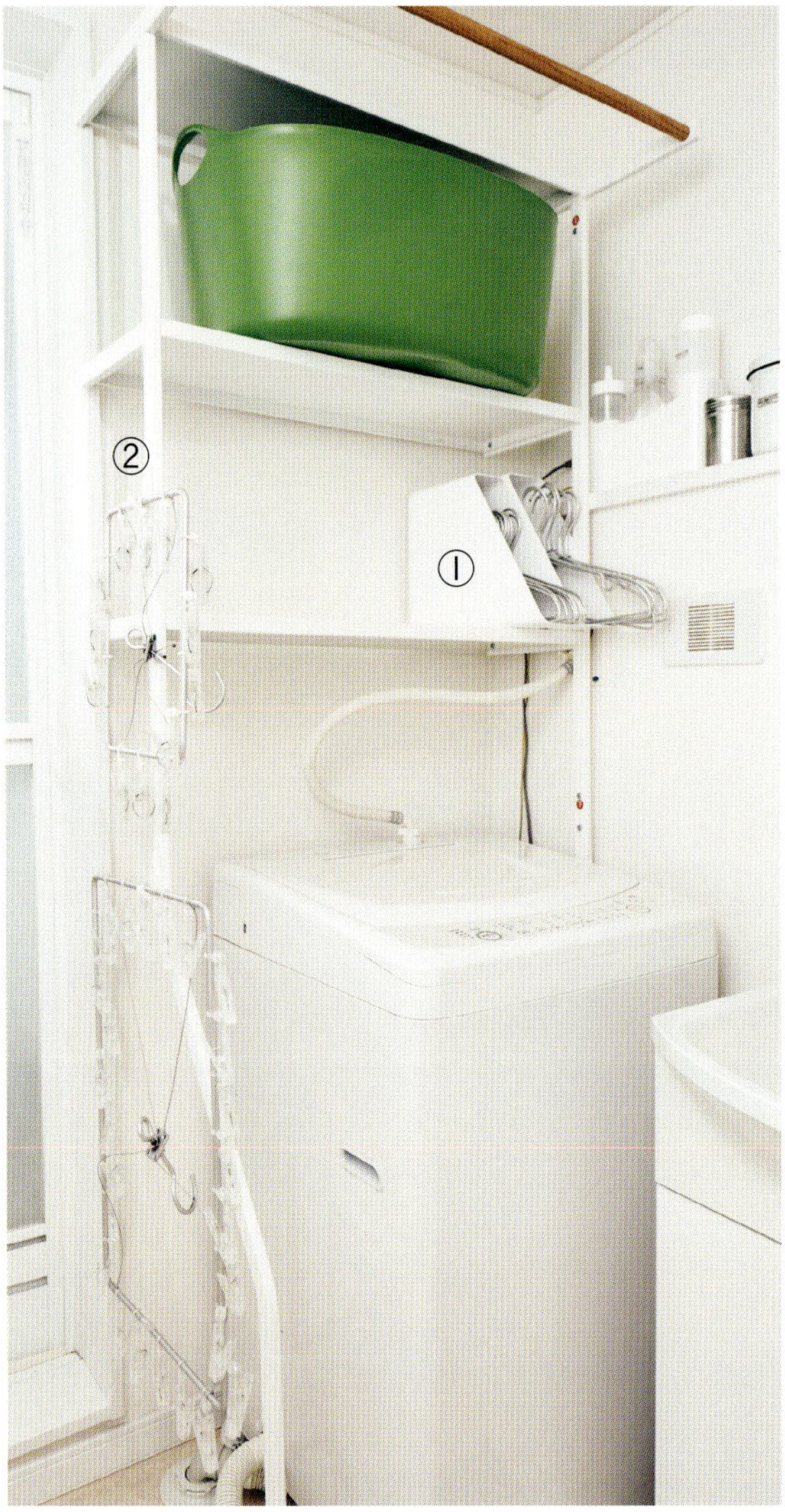

洗濯機が止まったら、
その場で洗濯物を
セットしてからベランダへ。
一連の動きと収納を
マッチさせます。

からまりやすいモノの収納

①ハンガー

ファイルボックスを2つ利用して、大小それぞれのハンガーを分けて入れています。干す服はたくさんあるから、欲しいサイズをストレスなくさっと取りたい。

②ピンチハンガー

この手のハンガーを二つ折りにしたり2枚を合わせて床置きすると、すぐにピンチ同士がからんでしまいます。開いたままで吊るしておけば、場所も取らず、からむこともなく。

できるだけ
動かないですむように

Point！

一歩も動かずかがまず干し終える

①洗濯機から出して
　一旦ランドリーバスケットへ

②バーにピンチハンガーを吊るす

③洗濯物をピンチやハンガーに
　吊るしていく

Step 3

身支度の動線も効率化してみた

洗面所で行うのは、洗濯のほか入浴後・就寝前後の身支度。これらに使うモノの出し入れに無駄が出ないよう配します。

使うモノを
使う場所に置くことで
動線が短くなり、
ストレスフリーに

吊り下げラック

棚板下に、必要に応じて面を増やせる便利グッズです。ここではバスタオルとそのほかのタオルを分けて置くのに活用。大きい布モノは丸めると崩れにくい。

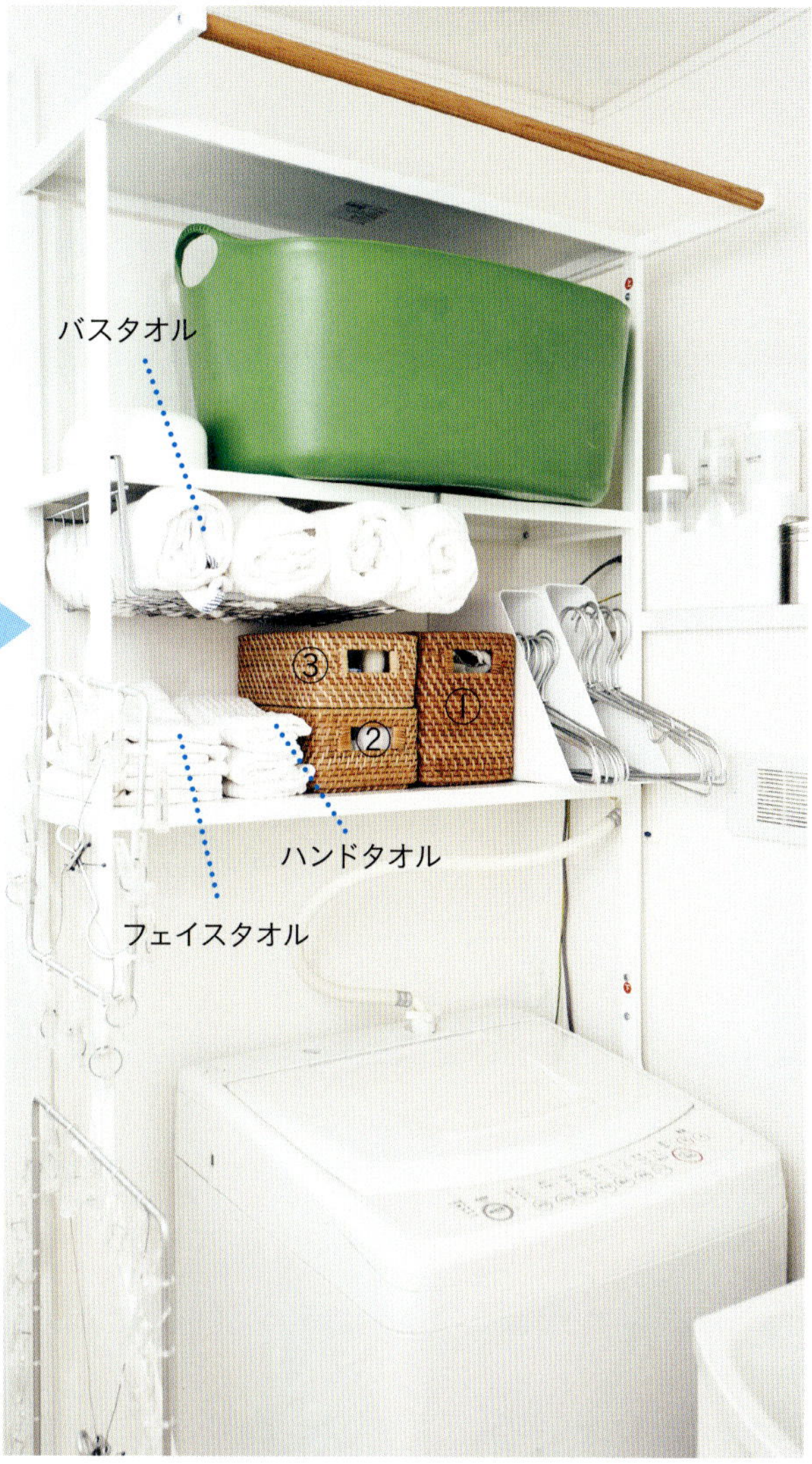

小物はスタッキングできる収納が便利

メイク用品は最小限に

子どもが生まれて以降、メイクは最低限の身だしなみ程度に。ベース→眉毛→チークのみの5分メイクです。写真にあるビューラーは実はもう処分済み。マスカラも口紅もありません。

無印良品のラタンボックスを組み合わせて。①ドライヤー②せっけんや歯磨き粉などのストック③メイク用品（BBクリーム、パウダー、アイブロウ、ヘアオイル、ターバン、クリップ（ビューラーは処分）

Step 4
限られたスペースを工夫してみた

生活スペースを圧迫せず、すでにあるラックの範囲内でモノを収めきりたい。試行錯誤がよりよい収納を生み出します。

隙間

お風呂上りに身につけるので下着は洗面所に置きたい……

隙間に引き出しを入れたいけれど、ホースが邪魔して置けない、どうしよう？

ホースの上に何かかぶせて平らにできればOK？

↓

ホームセンターで板をカット、接着剤でくっつけただけ！

↓

ホースの上に設置します！

↓

引き出しを置けた

上にも面ができた！
洗濯ネット
夫・下着
私・下着
コンタクトレンズ

無事、理想の場所に下着や洗濯用品の定位置が完成。また、引き出し上面がメイク道具やタオルなどをちょっと置いておくのに大活躍。大きな副産物です。

洗面所でよく出る小さなゴミや、
おむつ処理のゴミ袋を
使いやすく配置できないかな

ゴミ箱をフックで
棚板の裏からぶら下げ！

つっぱり棒２本渡して
ゴミ袋をはさんでみた！

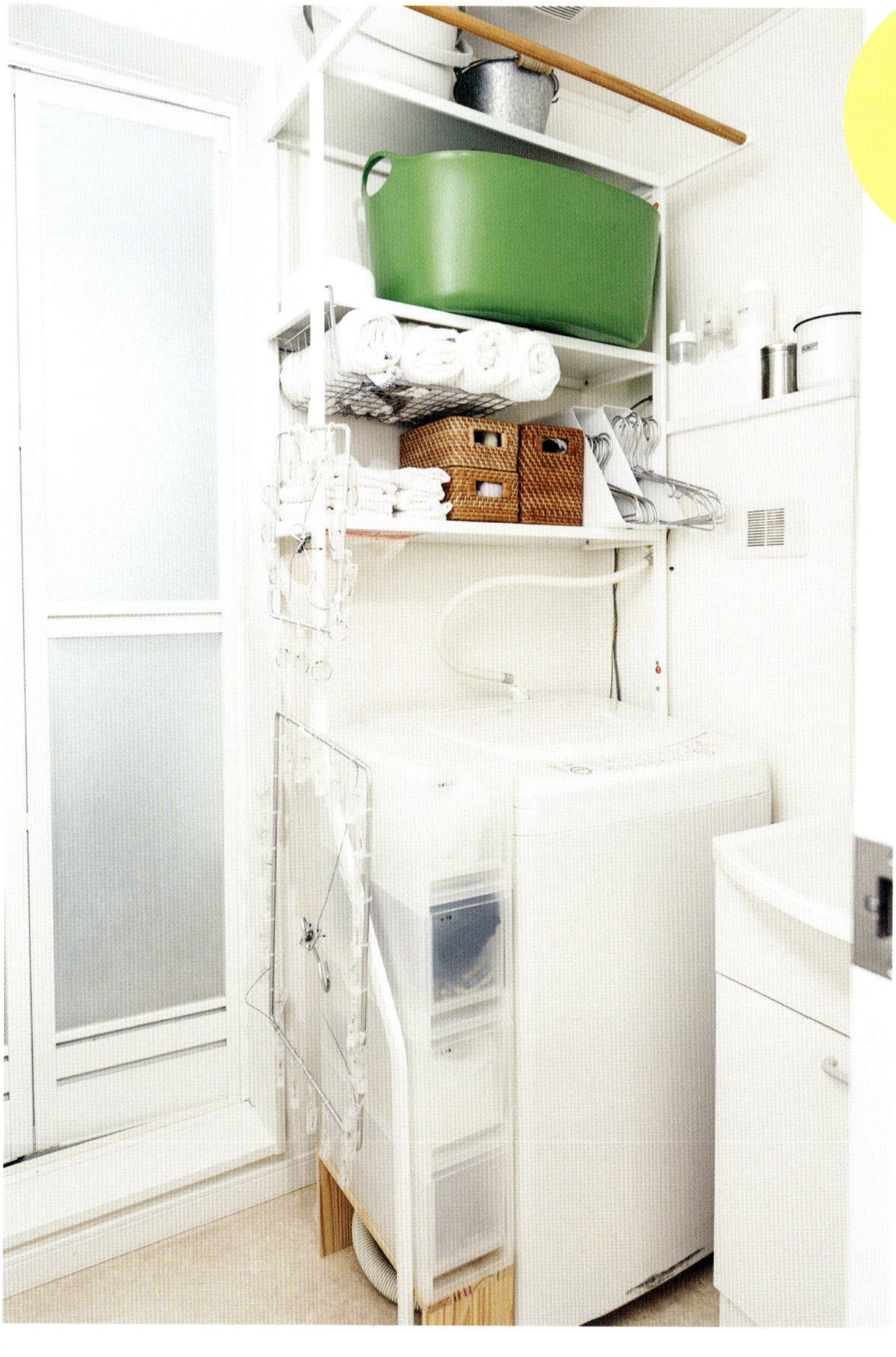

完成！

この収納の
＼ Point! ／

①よく使うモノは
思い切って特等席に

②収納を決める時は
動線を考えて

③使うモノは
使うところに
収納するのが鉄則

④知恵と工夫で
スペースを作り出す！

Column 2

収納家具の変遷

「ここにこんな収納家具を置きたい」と思ったとき、私はまず持っているもので試してみます。棚やケース、引き出しなど、家の中には「試しに入れてみる」ことのできる家具や道具が何かしらあるもの。ほかのモノが入っていれば、一度出して新しい用途で使ってみます。実際に入れてみることで、「もう少し小さくてもいい」「モノと相性が悪かった」などたくさんのことがわかるからです。「これがピッタリだ！」とわかった場合、私はしばらくそのまま暮らしてみます。それまで入っていたモノたちには、違う場所に収まってもらったり、違うケースに仮置きしたり。意外と不都合なく、そのまま定着することも多々あります。

　このやり方のいいところは、収納家具や道具のようなかさばるモノが増えないこと。たとえ買い足すにしても、実践の上で本当に必要なモノがわかることです。

壁につけられる家具

前の家ではベンチ上に立てて本やアクセサリーを。側面には時計などを吊るして収納。

⇩

ダイニングテーブルそばに横向きに付け、文具やコースターなどその場で使うモノの定位置に。

古道具　木の箱

ソファの腕置き部分に立てて、すぐ読みたい本やハンドクリーム、温度計などを置いていました。

⇩

引っ越し後これに食器をまとめて、キッチン収納の試行錯誤で移動させやすくしました。

⇩

息子のおむつ関連をまとめて、箱の下部にキャスターをつけました。今では服も一緒に。

パルプボードボックス

前の家では押し入れの中で仕事の書類を入れるのに使っていました。

⇩

現在の家で、乳児だった息子のケア用品等を収納。ソファで授乳しながら手の届く場所。

⇩

クローゼットの上段に横置きし、トップスをオープン収納。固定板以外の棚板を抜いて。

用途に応じて
使い回ししやすいのは、
四角くて
デザインのシンプルな
収納用品！

3章

ラクをかなえる
収納テクニック

ラクをかなえる、８つのテクニック

ラクをかなえるためのテクニックや、収納の考え方のポイントを、８つにまとめてみました。あくまでも、大切なのは何をかなえたいか。技を使うためではなく、「服を取りやすいように」「子どもがラクにしまえるように」など、課題解決のために技を使いましょう。テクニックの先に、ハッピーがありますように！

ちなみにどの技を使うにしても、よく使うモノのゾーンにモノがギュウギュウはＮＧ。使用頻度で住み分けて、ゆとりを持たせます。

いいこといろいろ空中収納

キッチンのシンク上にラックを設置し、洗ったらその場で吊るして干せる仕組みに。水がたれても安心だし、空中にぶらさがっていると乾きやすい。

夫の動線上にフックを設置して出勤着をセット。出勤準備をしがてら取れて、帰宅後も脱いだら自然とかけられる位置。「収納があればいいな」の場所は空中にあることが多い。

吊るす収納

フック一つでどこでも収納になり、そこに欲しいアイテムをピンポイントで配置できるのが「吊るし」のいいところ。直《じか》置きするより下を掃除しやすいのもメリットです。

ゴミ箱も吊るす

「ゴミ箱は床に」という固定観念を捨て、軽い素材のカゴをテーブルより高い位置に吊るしてみました。テーブル上にゴミが出るそばから捨てていけて、本当に便利。

かばんを吊るす

ダイニングの自分の席のうしろに、いつも使うかばんをスタンバイ。作業をしながらでも、手を伸ばしてかばんのモノを出し入れできます。

リビングの壁に吊るす

諸々の作業を行うダイニングテーブル脇の壁面に棚を設置。壁面収納にさらに、さまざまなモノを吊るして作業効率を上げています。

かばんの中身はここに吊るして収納

「買い物」「仕事」など、行き先によってかばんを変えることも多々。いつもの携行品を入れ忘れないよう、帰ってきたらかばんの中身をここに出します。

家中のティッシュを吊るす

@リビングの壁

@洗面所のタオルかけ

@冷蔵庫の側面

ティッシュこそ、欲しい時にすぐに取りたいモノの代表格。よく使う所に、すぐ取れる位置に吊るしたい。ある程度かさがありますが、吊るせば場所を取りません。

水回りは浮かせて乾かしたい

水回りこそ、吊るし収納のよさが最大限活かされる場所。空中は風通しがよく、濡れモノが早く乾きます。接地していなければ、汚れやすい水回りの掃除もお手軽です。

@キッチン

モノの種類も、作業の数も多岐にわたるキッチン。モノの取りやすさが作業効率に最も直結する場所かもしれません。使うところの、取りやすい位置に、何に干渉することもなくワンアクションで取れる収納法が「吊るし」です。

@浴室

濡れたものをじかに置いてしまうと、下面が乾かず雑菌繁殖の原因に。いつもキレイで気持ちのいい浴室を保つのに空中収納はもってこいです。

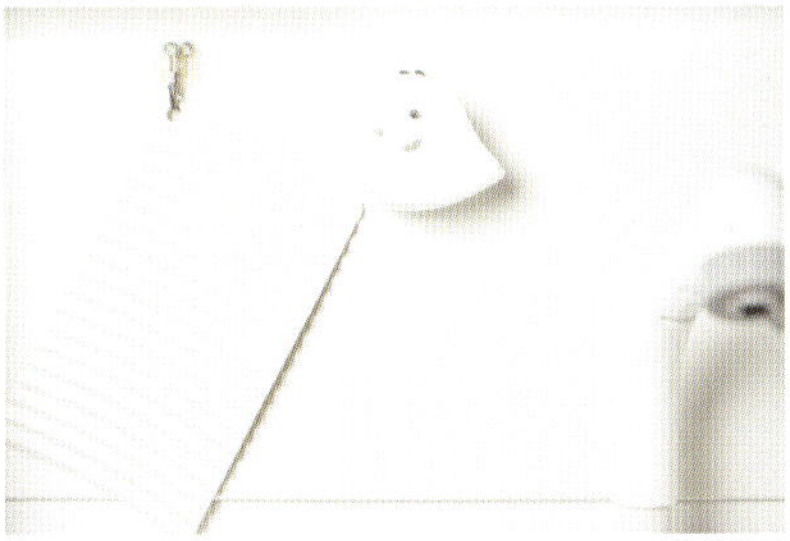

@洗面所

コップ、スポンジ、洗濯板など濡れモノは吊るして「収納」と「乾燥」を同時進行。ピンチハンガーなど、かさばってからみやすいモノの収納にも吊るしはうってつけです。

トイレ奥の隙間も、つっぱり棒を渡せば吊るしゾーンに。トイレブラシを倒さず、接地させることもなく、清潔に収められます。

@トイレ

壁面に収納を見出す

つっぱり棒を利用して、クローゼット内の壁面を収納スペースに。扉を開ければワンアクションで取り戻しのできる服飾小物の定位置が誕生です。

わが家の冷蔵庫の側面はキッチンの中心に位置し、調理以外の雑務に使うモノの絶好のポジション。マグネットタイプのフックで吊るしています。

壁面を制す①
なるべく家具を置きたくない

収納家具を置かなくても、壁面さえあれば収納スペースをつくることができます。壁面は、「動線上のここに置きたい！」をかなえる絶好の場所。

ダイニングの壁に

ダイニングテーブルの近くに無印良品の「壁に付けられる家具・箱」を設置。テーブルで使うモノや、細かい生活雑貨はここ。

③コースターを、「瀧川かずみ」の舟形袋に。④夫婦兼用のハンカチをSIWA（紙和）のボックスに。どちらの入れ物もある程度形状が自由になり、使わない時は畳んでおけるのがよい。

①無印良品の重なるアクリルケースにベロア内箱仕切を入れてアクセサリーや爪切りなどを収納。②ダイニングで仕事をするので、よく使う文具をアクリルのスタンドに。

リビングの壁に

子どもスペースにも短いタイプの長押《なげし》を。息子におすすめしたい絵本や、お気に入りを見せ収納です。脇にフックをつけ、カードを吊るして。

玄関の壁に

玄関を入ったすぐ脇の壁に、無印良品の「壁に付けられる家具・長押」を設置。家の中では必要のないかさ張る上着や夫の仕事かばんを、中まで持ち込まずに済むようにしました。

突っぱり棒 ＋ ラックで
外出用品の収納に

リビング収納の側面は出かける時の動線上にあり、日焼け止めなど外出時に必要なモノを収納。

壁面を制す②
つっぱり棒という無限の可能性

「ここに置けたら便利なのに」と思ったら、つっぱり棒を張れる場所かを確認します。棒さえあれば、フックやラックを用いて収納ゾーンが誕生！ ただし生活感が出るので、目立たない場所をおすすめします。

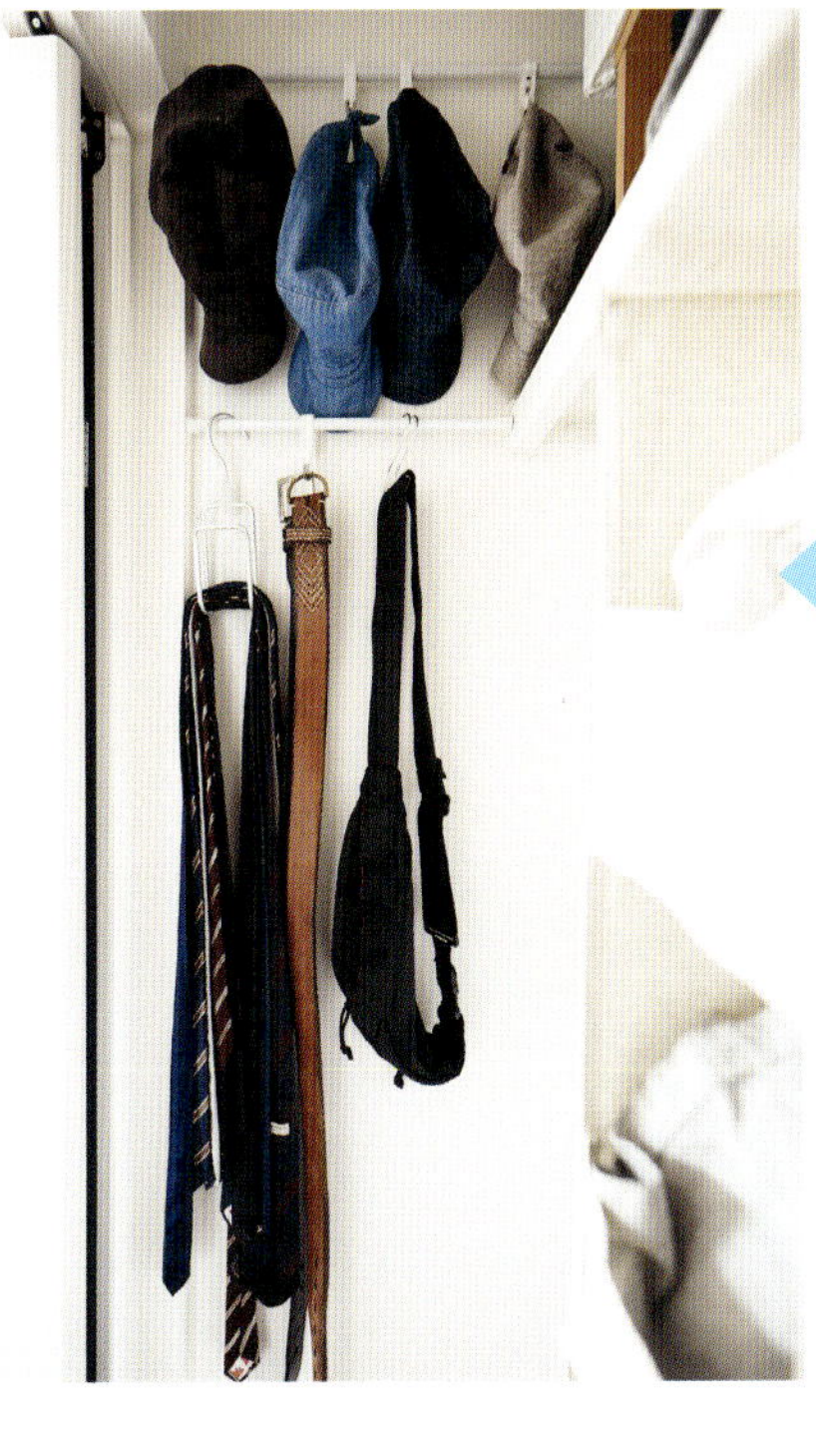

突っぱり棒 × 4本で、
クローゼット壁面が
服飾小物収納に

クローゼットがある以上、そこには必ず壁面が。ポールより入り口に近く、吊るしたモノが見えて選びやすく、かつ取りやすいゾーンです。

扉裏って実はお宝収納ゾーン

キッチンの調理台下の扉裏にフックをつけ、ざるバットを吊るしています。横にはコマンドタブでボックスをはりつけ、保存容器のフタをまとめて収納。

扉裏は、かがまなくても取れる最高の場所

見逃しがちな場所ですが、扉裏は「開けると自分の方にくる」「立ったまま取れる」絶好のポジション。扉の中身と干渉しないように活用したい！

@キッチン扉裏

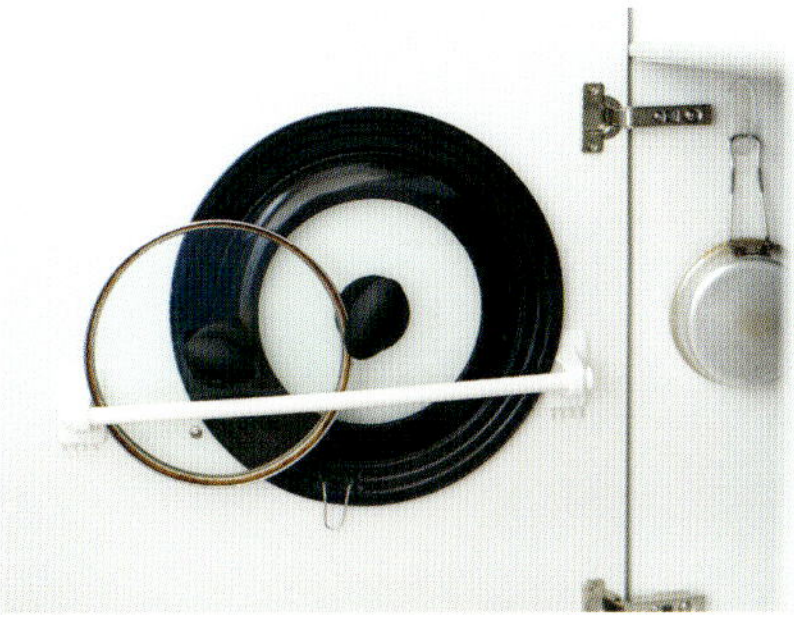

扱いに困る鍋ブタも

重ねにくく、場所を取り、転がって安定しない鍋ブタ。鍋を入れている扉裏にコマンドタブでポールを貼り付け、引っかけて収納しています。何にも干渉せず、ストレスフリー。

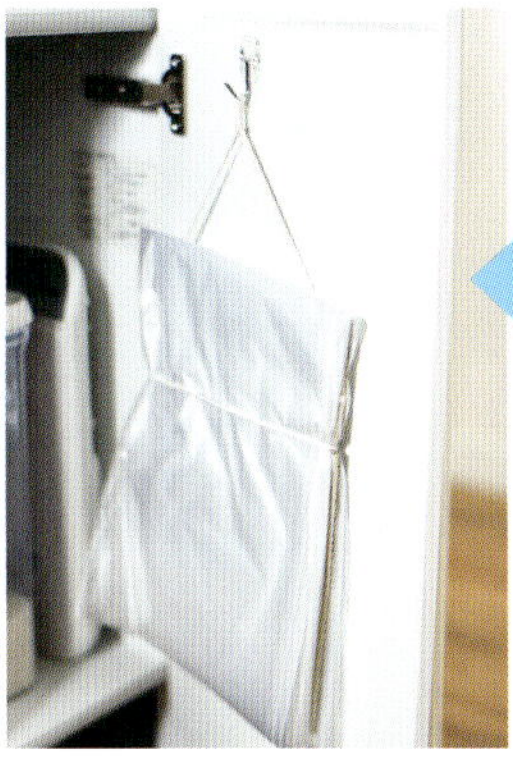

ゴミ袋はここが定位置

シンク下の扉裏に、ダンボール板を挟んで二つ折りにしたゴミ袋をセット。上から1枚ずつ取ることができます。

@洗面所扉裏

右扉の裏には、フックでバスケットを吊るし、メラミンスポンジ（オバケ型。目鼻の穴で吊るしやすい。p.57）を収納。左扉の裏には、洗濯物が多い時やキャンプで使う小さいピンチハンガーを吊るしています。

@玄関扉裏

玄関の靴箱でも扉裏を利用。傘やたたき掃除用のちりとり・ほうきセットを吊るしています。

モノの配置場所は「どこで使うか」に着目して決める

息子の生活スペースに、おむつと着替えの定位置を。木箱の中を布のボックスで仕切り、下にはキャスターを付けて引き寄せやすくしています。

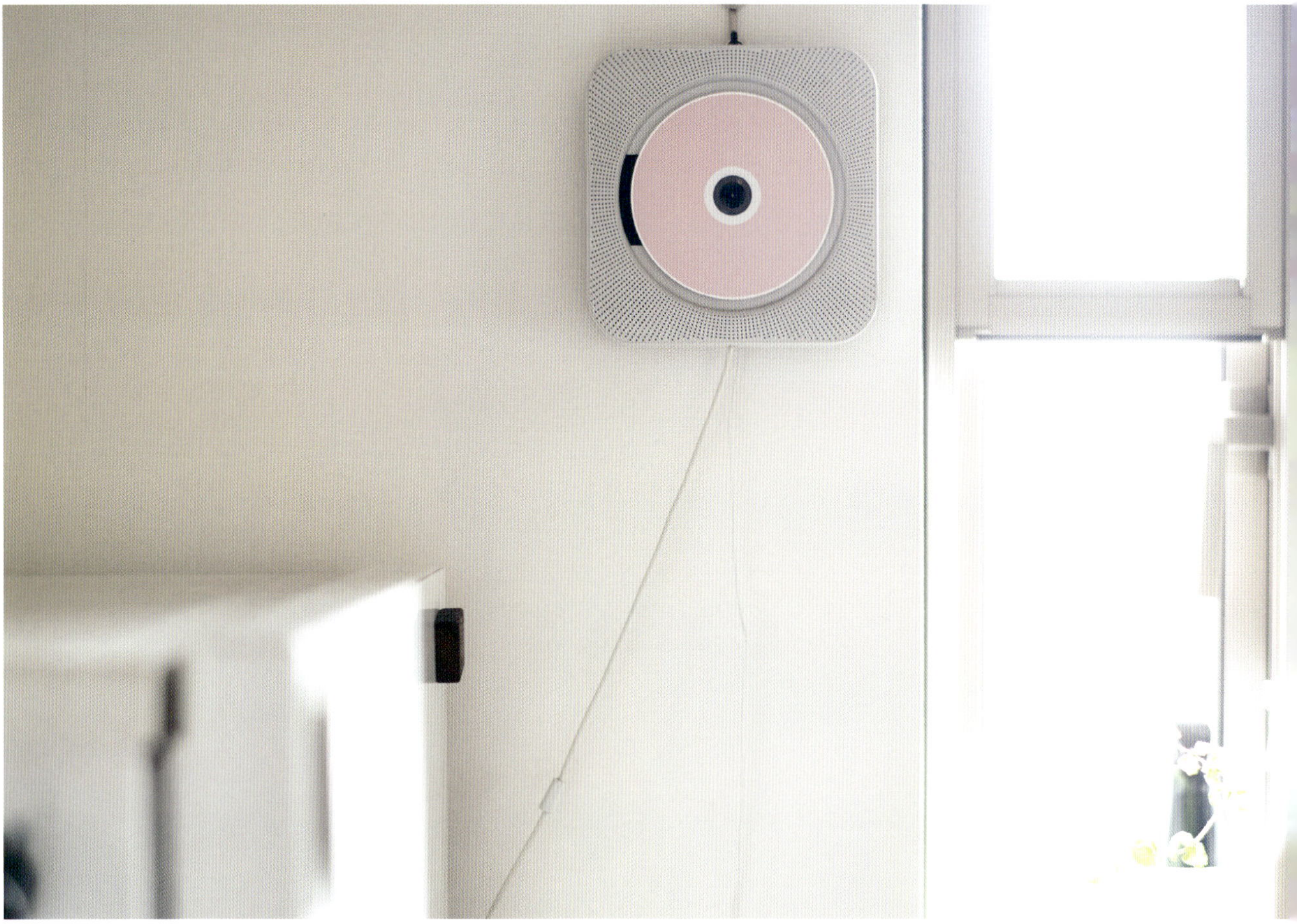

キッチンにCDプレイヤーがあるので、キッチンのシンク下の引き出しにCDを収納しています。うちには、CDをキッチン以外に置く理由がありません。

必要なものを必要なところに

「服はタンスに入れるもの」「CDはリビングに置くもの」などの固定観念は捨て、それを使う場所に注目しましょう。使う場所が収納場所。使う時に便利なだけでなく、片付けの負担もなくなります。

子どもの服は、以前は寝室クローゼットに入れていました。生活するうち「子どもの着替え場所はリビングだ」と気づきリビング収納に。最終的におむつ用木箱に一緒に入れることになり、どんどん息子に接近しています。右からズボン・靴下／Tシャツ・下着／寝巻・おむつカバー／上が布おむつ・下が紙おむつ。息子の現役服はすべてがここに。

子どものモノはすべてここでそろう

薬箱は水場に

キッチンシンク下の引き出しに、薬を収納しています。水場の近くならその場で飲めるので、飲み忘れることを防止できます。

ここで下着を身につけるから

以前から、下着は洗面所（＝脱衣所）に置くと決めています。なぜなら、下着をつけるのはお風呂上りだから。ほか、ここで使う洗濯ネット、ここで付けるコンタクトなどがこの引き出しに。

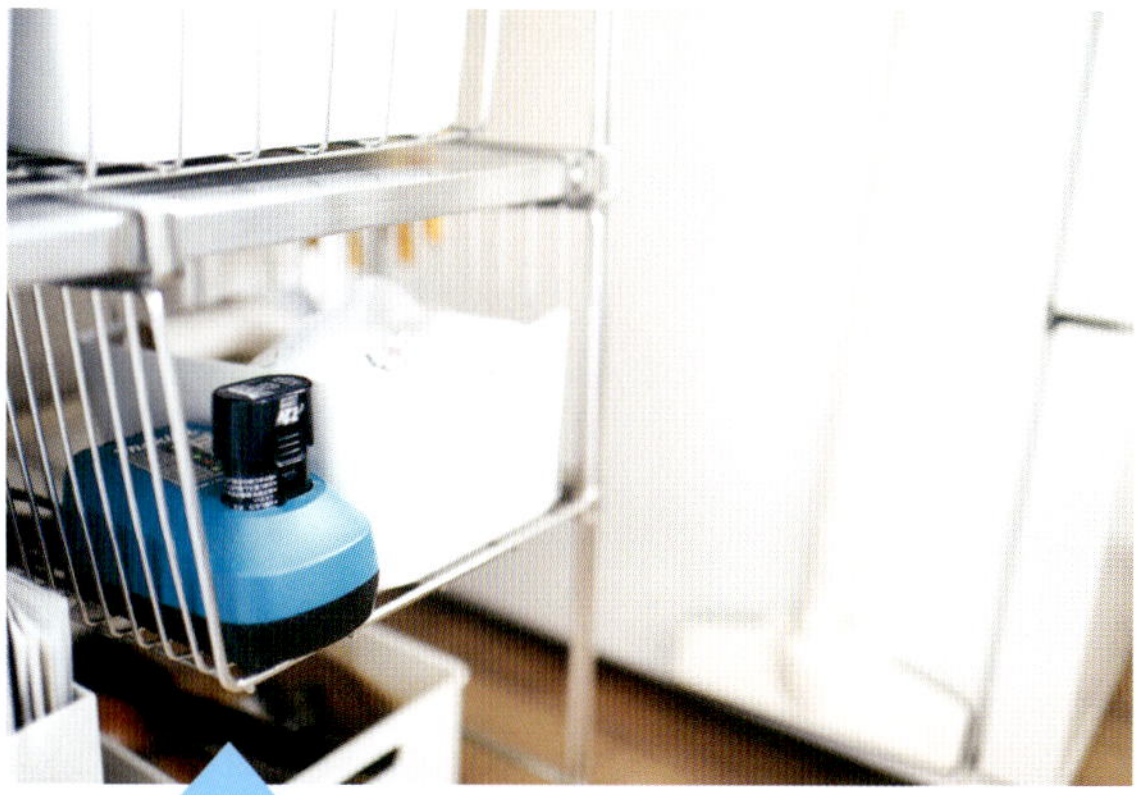

充電器は本体の近くに

冷蔵庫の側面に掃除機（マキタ）を吊るしています。その対面にあるキッチンシェルフに、掃除機の充電器を収納。掃除機を片付けると同時に、その場で充電できます。

水切りネットも使うところに

シンク下の扉上部にフックをつけ、布袋をさげて水切りネットを収納。排水口にネットをセットする時、一歩も動かず・かがまず。

外で使うモノは出入り口に

レインコートやサングラス、グローブなど、外で身につけるモノは家の奥まで持ち込む必要がありません。出る時に身につけられる場所に。

使いたくなる収納

お茶や粉もの調味料は、瓶に詰め替えてラベリング。パッケージに入ったままより使いやすく、せっかく買ったお茶やスパイスを「飲もう」「使おう」という気にさせてくれます。

使いたくなる＝使いやすい収納

「使いたい」と買ったモノでも、取りにくければ存在を忘れたり、使うのが面倒になってしまったり。収納方法を変えるだけで、劇的に出番が増えることも！

「段差」と
「手前／奥」を
利用する

キッチンのユニットシェルフに浅い棚板（追加小棚）を導入しました。手前の食器も、小棚の上も、どこにも干渉せずスッと取れます。大好きなお茶の準備がラクにできるよう、茶葉とカップを近くにしたのもポイント。

サッと取り出せる収納

無印良品のポリプロピレン収納ラックを重ねて、コンロ下の収納内にフライパンのマンションをつくりました。一部屋に一つずつ入っているので、鍋同士が重ならず出し入れがスムーズ。

重ねないから取り出しやすい

大きい液モノ調味料

液モノ調味料は、調理台の真下にまとめてその場で取れるように。取る時に何にも干渉しないよう、上の空間を空けています。中身の見える透明アクリルケースに入れて液だれを防止。ちなみに粉モノ調味料は、小さいので引き出しに入れて取りやすい高さに。

掃除しやすい収納

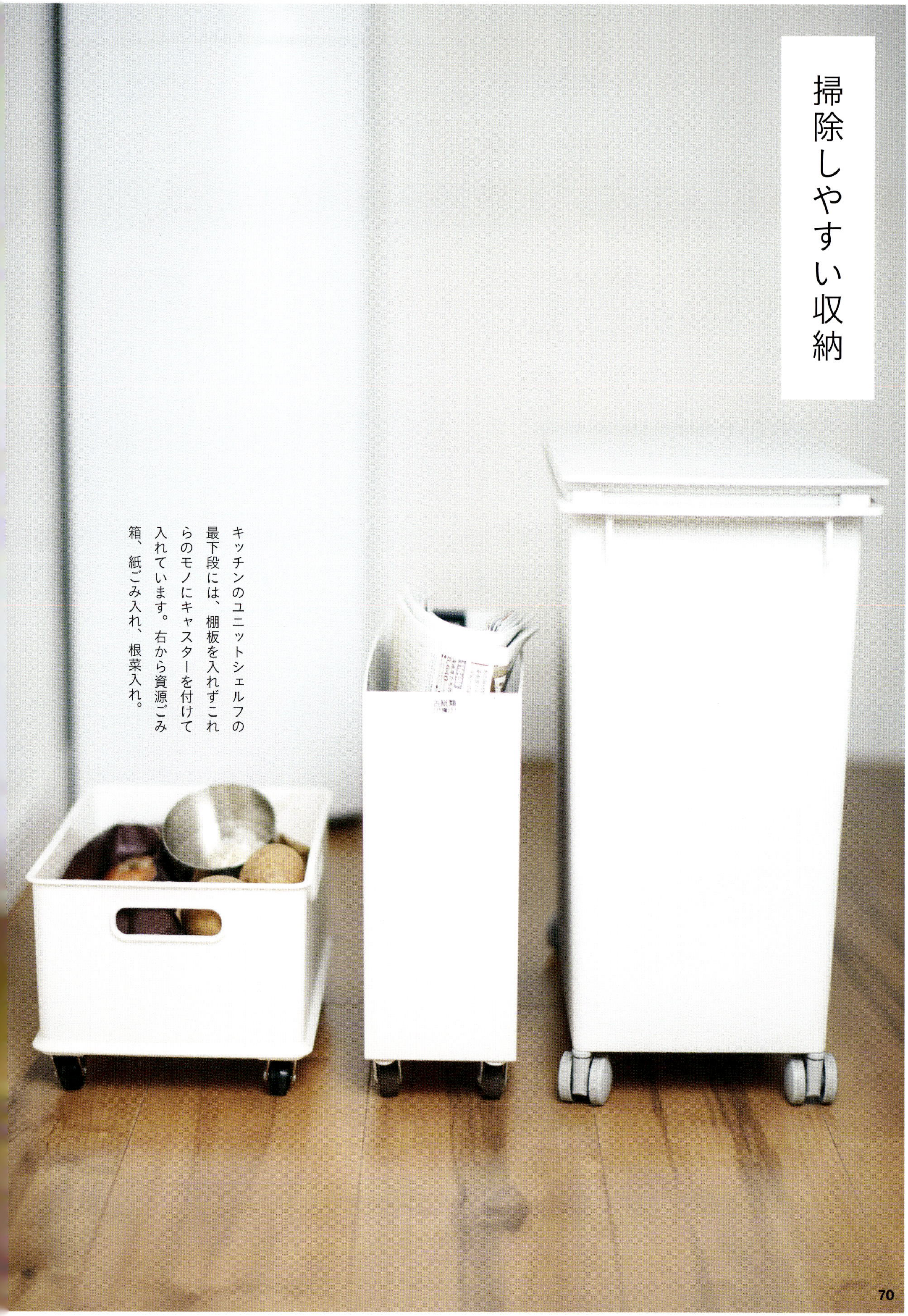

キッチンのユニットシェルフの最下段には、棚板を入れずこれらのモノにキャスターを付けて入れています。右から資源ごみ箱、紙ごみ入れ、根菜入れ。

浮かす 動かせる すぐ手にできる

収納は、片づけやすさと同じように「掃除のしやすさ」も重視して。できる限りモノを接地させず、床面の掃除をしやすくします。また掃除道具は、思い立ったらすぐ取れる場所に置いてちょこちょこ掃除を促します。

キャスターを付けて掃除しやすく

キャスターをつけると、手軽に引き寄せてどかすことができます。ちょっとしたことですが、この「手軽」感が掃除をしようと思う気持ちを萎えさせません。

浮かせることで掃除しやすく

モノが完全に浮いているので、床全体を一気に掃除することができます。「こする手を止めてモノを移動させる」という手間が、お風呂掃除自体を避けさせてしまうことも。

動線上に道具をスタンバイで掃除を促す

「掃除道具置き場」と決めたところに家中の道具をまとめると、「あ、汚れてる」と感じた時にいちいち取りに行く手間が生じます。それよりも、よく汚れるところに掃除道具をスタンバイ。キッチン周り用のぞうきんは、キッチンのユニットシェルフに。子どもスペースに使うコロコロは、その近くの収納に。

一歩も動かない収納

人がモノを取る時、
一番ラクなのはなんといっても
”姿勢そのまま“。
立って作業中なら立ったまま。
座っているなら
座ったままで取れるのが
理想です。

洗濯機上のランドリーシェルフには、洗濯機の前に立ったまま、一歩も動かず一連の洗濯作業ができるようモノを配置しています。

私はダイニングテーブルで仕事をしています。文具は壁に設置した棚から座ったまま取り、いらないメモは真横に吊るしたゴミ箱に座ったままポイ。立ち上がって集中を切らすことなく、作業に没頭できています。

　例えば、この横が壁収納ではなく床置きの棚だとすると、下の方のモノを取る時は席を立ってかがむ必要が。理想は、そのままの姿勢で取れる「コックピット」な収納です。

引き出しを活用する

キッチンの高頻度で使う細々したモノを、無印良品の引き出しにまとめています。入れるモノと量に合わせて、さまざまな形状を組み合わせて。

引き出しは積極的に使用頻度"高"に

引き出しの、「奥を使える」「上から中身を見渡せる」「面を増やして重ねられる」「引き出しごとにグルーピングできる」という長所を活かします。

上から俯瞰で一覧できる

奥のモノでも手前に引き出して、入っているモノのすべてを上から俯瞰できるのが引き出し。必ず見下ろせる高さに組み込み、パッと見てわからないモノにはラベリングして死蔵させないように。

①カトラリー。ケースで仕切って、右から「お弁当用品」「ステンレスのスプーンとフォーク」「木の箸とスプーン」。手前が「小さいスプーンとフォーク」で、奥に「レンゲと小皿（ストッパー代わり）」。②小皿、ミルクピッチャー③お玉や計量カップなど、立てておくにはジャマだったり短かったりするツール。

使いづらいシンク下に引き出しを入れる

シンク下の収納は、大きな空間ながら面がひとつしかない工夫の必要な場所。ボウルなどかさのあるモノにはラックを使って面を増やす方法がお勧めですが、細かいモノには引き出しが便利。奥行きを存分に生かせます。

Column 3

使っていない子どものモノ収納

エルゴの新生児用インサートやカーミラー、息子が乳児期に好きだった絵本などを風呂敷でひとまとめ。次の子が生まれたら開ける「ベビーグッズ」とざっくりラベリング。

”子どもができるとモノが増える“という現象は、多くのお客様のお宅で目《ま》の当たりにしてきました。いざ自分に子どもができて、そのことを深く実感。子どものモノは、「現役」「サイズアウト・卒業」「出番待ち」と、1人につきこれだけ付随してくるのです。

現役のモノを1軍お宝スペースで活躍させるためにも、それ以外は3軍スペースに保管しておきます。その際重要なのは、明確なグルーピング(サイズ、種類、季節等)と、どんな時に開ければいいのかわかるラベリング。「たしかあれがあったはず」とあちこちをひっくり返したり、存在を忘れて使いそびれるようなことだけは避けましょう。

また、子どもは刻々と大きくなり、モノの増減も繰り返し起こります。面倒なようでも、要所要所できちんと時間を取って、整理をし直す必要があります。

サイズアウトの服

クローゼットの最上段に、「サイズアウト・卒業」した服と小物を。取っ手付きの布ボックスに入れ、中はサイズや種類別にメッシュ袋やジップ袋で小分けしています。袋を開けて中身を広げなくても、入っているモノを把握できるよう、それぞれラベリング。

出番待ちの服

納戸として使っているウォークインクローゼットに引き出しがあり、その1段を「出番待ち」ゾーンに。メッシュケースの中は甥っ子からのお下がりや、来季買いした大きめサイズ。そのほかは、来季も着られると踏んだシーズンオフ服です。

4章

実況中継！みんなのビフォーアフター

実際のご家庭3ヵ所で、
収納の見直しを
実践してみました。
それぞれの悩みや希望、
暮らしに合わせて、
ゼロから再構築です！

基本の整理収納4ステップ

「空いた時間でいつか」ではなく、「この日の大イベント！」と決めてトライしてみてください。

本当にスッキリしますよ！

①全部出す

収納から、すべてのモノを出しましょう。もし「服」「書類」など整理したいものが複数の収納に入っていたら、それらからも出します。居住年数が長いほど、堆積物は増えていきがち。10年前は必要と思ったモノでも、出して改めて見れば不要とわかることも。

②分類する

服なら「ニット」「スカート」のように分類し、「何をどれだけ持っているか」を把握します。パッと見て何の山なのかわかるよう、メモを置いていくと効果的。それらをさらに使用頻度で分類し、不要なモノは処分とします。ここまでの作業だけでも、相当スッキリ。

③ 収納スペースを分析する

モノを全部出したことで、丸裸の収納を分析できます。取りやすい一等地はどこで、奥行きや高さがどれだけあるのか。自分のいつもの行動パターンはどうか、どこでどんな作業をしながら何を取るのか。これまで入れていたモノは忘れて、ゼロから見直します。

④ モノと収納をマッチさせる

これまでモヤモヤがあったのは、大きくはこのマッチングに問題があったせいです。②で分類したモノを、よく使う一軍は収納の一等地に。面が足りずモノを置ききれなければ、引き出しやラック、吊るし収納を検討して試行錯誤しながら組み立てていきます。

本多さおりの how to コンサルティング

依頼者のお宅では、まず「朝起きて何からしますか」「問題は何ですか」「どうなりたいですか」などたくさんの質問をします。明確な答えが出ない方にこそ、ひたすら細かく聞いてみます。自分で行う際にも、書き出すなどして行動パターン、悩み、希望を明らかにしてみてください。生活のちょっとしたこと――例えばペンを取りに行く歩数を10から3にする、それだけで暮らしのラクさは大きく変わっていきます。収納に人を合わせるのではなく、人に収納を合わせましょう。

CASE 1 キッチン収納を変えたい！

料理をつくりたくなるキッチン収納

before
箱入りは使わなくなる
広い空間に細かいモノを平置きすると、最前列のモノ以外がどれも取り出しづらい
取りやすい「面」を作りたい！
扉裏を使いたい！
収納の絶好のポイントです
食器の位置がここじゃない！
出す時にかがむ必要があり、水切りかごからも遠く戻しにくい

Kさんのストレス

引っ越してきてからとりあえず突っ込んだままの収納。
使いにくくて調理や片付けの際にストレスを感じることが多く、
調理しようというモチベーションが上がらない。

上の段には
取っ手付きが便利
after
引き出し
上段は
一等地！
奥行きのある
場所には
引き出しを

収納改善後の声

感動したのは、調理して食べる前に、使った道具の片付けが済んでいること。食後もスッと片付けに入れます。夫もキッチンに来る回数が増え、場所がわかりやすいのか簡単な手伝いをしてくれるように！　快適さを実感し、服収納の改善にも取り掛かり中。

炊事も二人で できるといいな

「表面上はきれいにできても、収納の中が適当で使いにくいのが悩みです。収納用品の使い方もわからないし……」とKさん。健康のことを考えて自炊の回数をもっと増やしたい、忙しいから時短したい、そして夫にも使いやすく一緒に調理や片付けのできるキッチンにしたいと話してくれました。

小さいキッチンだからこそ、なるべく動かずあれこれできる収納を目指します。

Kさんご夫妻

まだ入居から半年未満の新婚さん。共働きで夫婦ともに忙しく、外食に頼りがちな生活が気になっています。「帰りが遅くなっても、料理をするモチベーションが湧いてくるようなキッチンにしたい！」

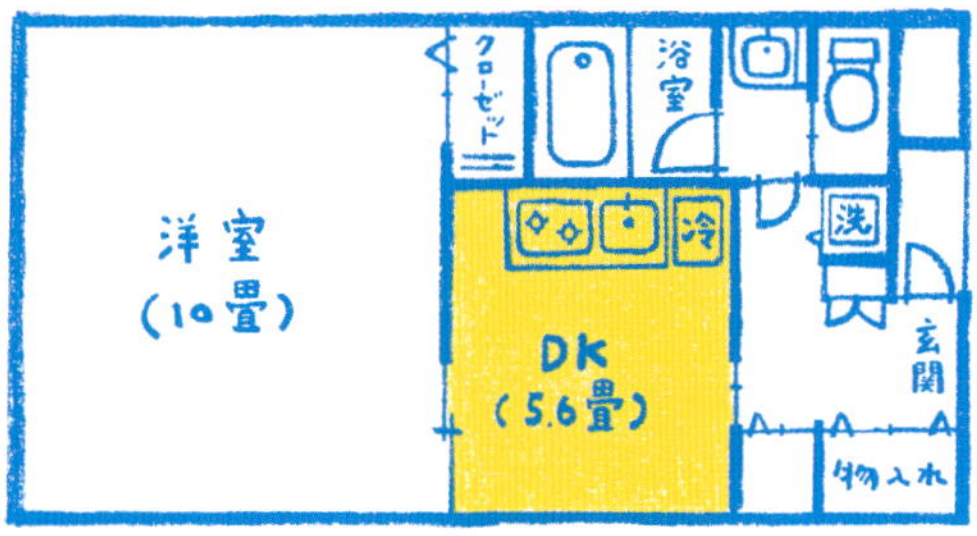

K家間取り 1DK

Step ① 全出し

キッチンの吊り戸、シンク下、キッチン横の棚などすべての収納からモノを出します。新婚さんで全体量がまだ少ないながら、割合として食器が多く、これからも増えそう。

Step ② 分類

出しながらだいたい種類ごとに置いた後は、さらに「道具」は使用頻度、「消耗品」は種類とストックで分けます。この分類で、「使用頻度高」→「一等地へ」など適した収納場所をマッチングしていきます。

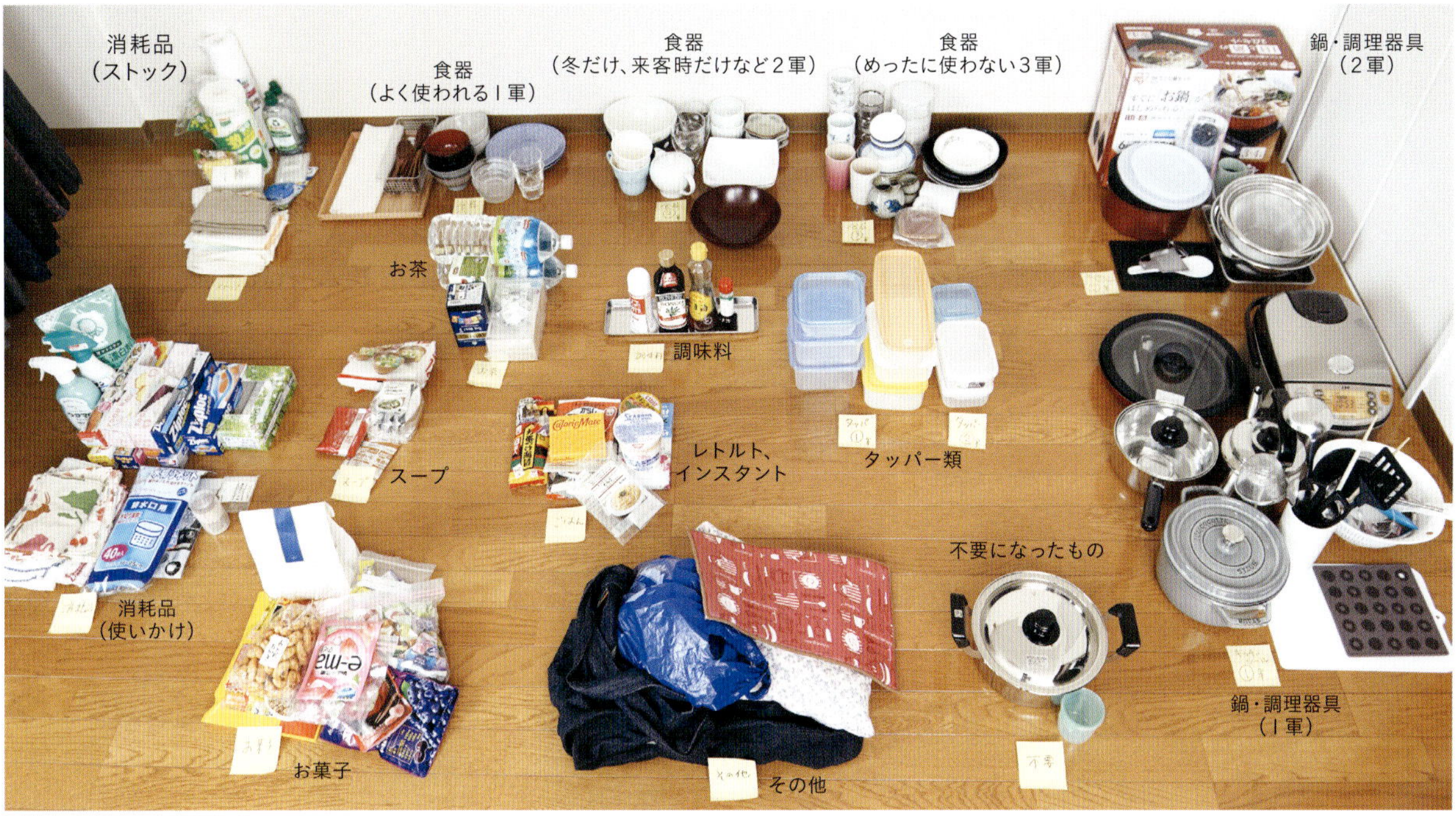
消耗品
（ストック）
食器
（よく使われる１軍）
食器
（冬だけ、来客時だけなど２軍）
食器
（めったに使わない３軍）
鍋・調理器具
（２軍）
お茶
調味料
レトルト、
インスタント
タッパー類
スープ
消耗品
（使いかけ）
不要になったもの
鍋・調理器具
（１軍）
お菓子
その他

Step ③ 収納スペースを分析

作りつけの引き出しは「面がある」「奥も使える」とダブルでお得。逆に、引き出しのない大きいスペースは奥を制する必要が。ただし、引き出しを組み込むと取るアクション数が増えるので、ストックなどの２軍に適します。

広くて
最高の扉裏！
うずうず

取りにくい
2・3軍用ゾーン
お宝収納
ゾーン
奥行きがある
広いゾーン

収納アイテムは入れてみてアクションを確認。

引き出しの上段は一等地！よく使うものを。

Step ④ 収納とマッチさせる

after

before

引き出し

上段

超一等地には1軍を収納

Kさんは、四角いスペースに合う形状ということでラップやホイルを入れていたと思います。でも、ここは超一等地。毎日使うカトラリー類と1軍のコップやカップに変えました。引き出しは目で見るよりも意外と深さがあるものです。

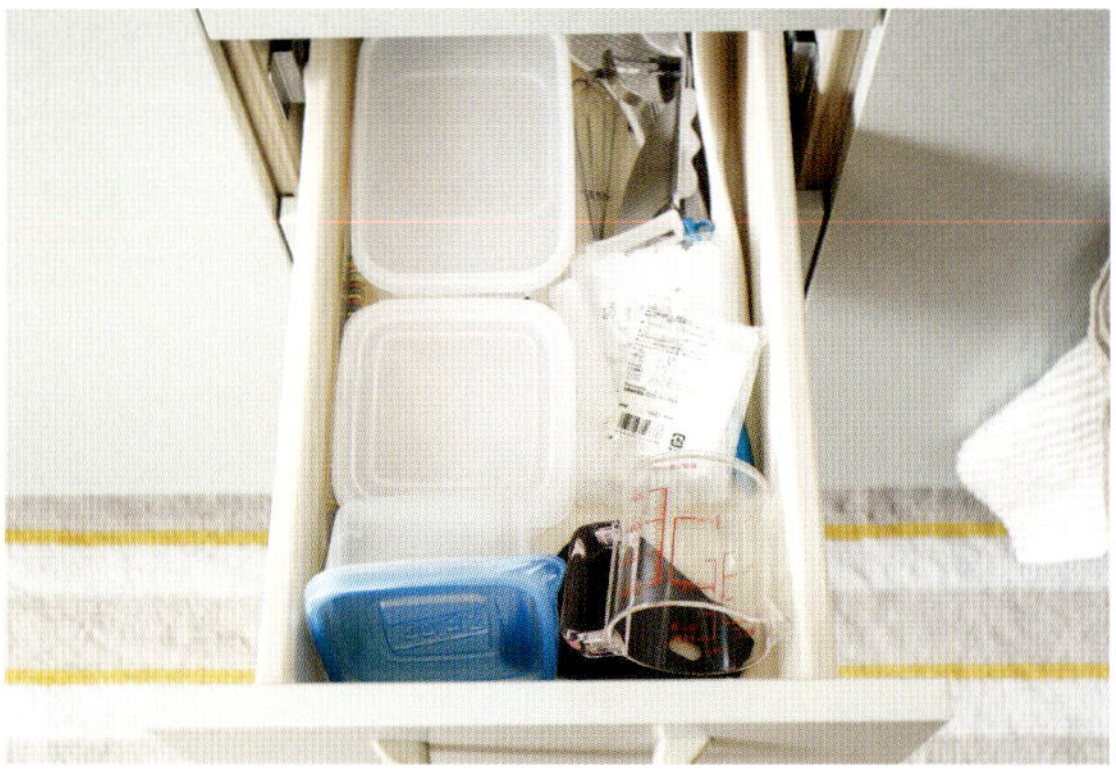

中段

1引き出しに1タイトル

タッパーが中段と下段に分かれており、しまう時に迷いが出ます。理想は1引き出しに1タイトル。かさと量のあるタッパーは一段にまとめられないので、ラップと袋類の場所とし、箱の取り出し口をカットして上からパッと取れるようにしました。時短に向けた作業効率のための一工夫。

下段

背の高い物を立てて収納

一番深さのある引き出しなので、ビフォーから引き続き背の高いボトルはここに。また消費期限があり在庫管理が何より大切な食材ストックを、上から見渡せるように立てて収納しました。ファイルボックスと仕切りを用いて、種類分けと雪崩れ防止をしています。

吊り戸棚 1

after

お茶類は
ここに
まとめる

before

特に食材は
見えないと
存在を
忘れてしまう

一歩も動かず出し入れできる

見えないと忘れがちだった食材は見渡せる下段引き出しへ。代わりに、それまでいちいちかがんで取り戻ししていたＩ軍の食器を収めました。ここなら片付ける時も足腰は不動で、腕だけで戻せます。上には使う機会が増えるように箱から出したIH鍋と、お茶セット。「一歩も動かずお茶の準備ができる！」と感動のＫさん。

食器はなるべく重ねたくない

コの字仕切りで面を増やし、Ｉ軍のどの食器も重ねずスッと取れるようにしました。ひな壇状なら、手前の器の上にゆとりがあり取りやすい。上段は手前に引き出しやすい平皿を。

吊り戸棚 2

after

軽くて
かさばる
タッパーは
ざっくり収納

before

好立地なのに
使用頻度の
低いモノが

吊り戸棚をもっと活用する

使用頻度の低い鍋とミキサーが入っていましたが、下段は新・Ｉ軍食器スペースの隣というなかなかの好立地。入りきらなかった２軍のどんぶりを入れました（奥には３軍食器）。上段には頻度の少ない大きめタッパーを、取っ手付きストッカーにまとめて。こうすれば雪崩れる心配がなく、ざっくり入れられます。

コンロ下収納

after
鍋やフライパン
など大きくて
重いモノを

before
毎日よく使う
モノをかがんで取っていた

使うモノを使うところに

最も容積のある場所であり、有効活用しないともったいない！ 大きいモノを置くのに向き、コンロの下という特性上、鍋などコンロで使う大物を入れました。出し入れしやすいようゆとりをもたせて配置し、フライパンは取りやすさと省スペースを叶えるため、ファイルボックスで立てて収納。

フライパンが転がり落ちない工夫

ファイルボックスの手前下部に吸盤をかませて傾斜をつけ、フライパンが転がり落ちない工夫を。左利きなので、左側に置きました。

ラックとフックを組み合わせて

100円ショップのワイヤーラックを付属のフック4点で固定。フックは後からきれいにはがせるよう、「コマンドタブ」で貼り付けました。

扉裏は
キッチン小物
を吊るし収納

開き戸の裏に利用可能な広い面積が！ しゃがみこまなくても済む高さなので、最下段の引き出しなどよりいい位置。２軍のツールや布巾などの細かいモノを収めました（１軍ツールはコンロ横で出しっぱなし収納）。

シンク下収納

before

むき出しで
置くと何がある
かわかりづらい

after

引き出しを
入れたらさらに
上に面ができた

引き出し内は
ざっくり収納

奥行き対策には面をつくる

ズボーン！と大きい収納は面づくりが命。かがまなくても取れる面を作るために引き出しを置いて、天板によく使うボウルとタッパーを配置。せっかくの引き出し内にはこれまでむき出しで置かれていた消耗品ストックと（左）、客用カップ・コースターをまとめて（右）収納量アップ。

すぐ取り出せる位置

排水口近くの扉裏にフックをつけて、専用ネットを。袋の上部を開けて引き出しやすく。

調理には作業台が必須

最上段は空けて、作業台として利用。小さいキッチンではこの存在が大きい。

家電ラック

before

after

パンやお菓子の定位置確保

コンロの横にある家電ラック。鍋ややかんがコンロ下に収まったことで、調理台を占拠しがちだったパンなどを置けるように。下段のかごにはお菓子類を。

CASE 2 洋服収納を変えたい！

サッと着替えのできる洋服収納

毎朝、廊下を走っているんです

働きながら3人の子育てをする多忙なTさん。朝5時起きで夕飯の仕込みや資格の勉強をし、7時を過ぎると着替えのために走り出します。なぜなら、自分の服が3部屋に分散しているから。

服が好きなゆえに量を増やしてしまい、それでも同じような服を買ってしまうのも悩み。結局引き出しの上の方しか使っておらず、「痩せたら着たい」と取っておいている服の存在も気になるところ。

「あの服どこだっけ」と着替えを抱えて走る日々。

A・Tさん

「ファッションが好きで、自分なりに収納しても服が溢れてしまう」と話すTさん。大好きな麦わら帽子は7つ所持で、きちんとした置き場所が必要そうです。夫、子ども（9、6、0歳）と5人暮らしのワーキングママ。

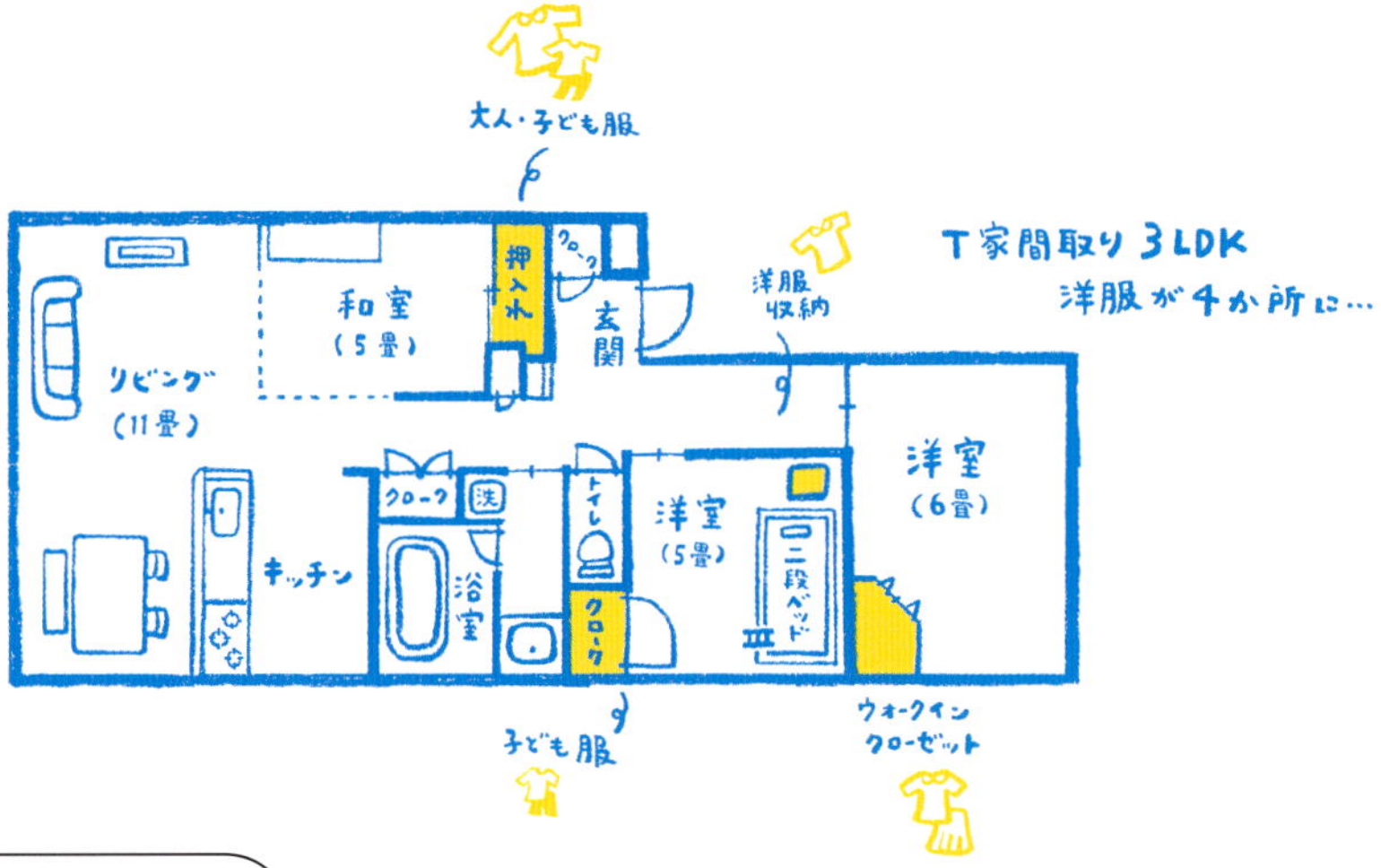

3部屋に分散していた！

洋服収納
before after

Step 1 全出し

ハンガーのままだとそのまま戻したくなるので、外してすべての服を出します。シーズンオフ服や別部屋の服も。Tさん、「こんなにあったんだ……お金もったいなかったな」とポツリ。これ以降3ヵ月経過時点で服を1着も買っていないそう。

Step 2 分類

すごいスピードで処分服を選択！ ほぼ半分を放出しました。

分類で「こんなに部屋着いらない」などの気づきが。

Step 3 収納スペースを分析

本当は、生活スペースに近い和室に服をまとめたいTさん。でも実際のところ子どもが使っているし、「なるべく吊るしたい」という希望に沿う収納がありません。次に近場の洋室に、オンシーズン服を集結させることに。

Step ④ 収納とマッチさせる

after

上段には
布ボックスを
設置して
部屋着などを
トップス、
ボトムなど
1引き出し
1アイテム

before

洋室洋服収納ケース

かばんや帽子
などが上に
積まれていた
深い引き出しは
服が見えづらく
取りにくい

浅い引き出しで中身を把握する

これまで無印良品の引き出し「大」「深」を使っていましたが女性服には深すぎます。「小」「大」を使って中身は縦に並べると、すべての服を見渡せるように。服の量が減ったこともあり全体的にコンパクトになりました。

天板が低くなったので布ボックスを置いて仕事着を収納。毎朝ここから取ってかばんに入れます。奥は部屋着。毎日動くのでホコリはたまりません。

全体が軽くなったのでキャスターを付けることができました。動かして掃除がしやすい。

after

before

服がすぐ選べるたたみ方

これまで重ねて詰めていたため、下の服が取れない状態でした。「しまっておく」から「選んで着る」の引き出しに。

before 洋室クローゼット収納

after
大好きな帽子を
収納する
スペースができた
できるだけ
床にモノを
置かない

２段のポールの
高さが半端で
使いづらかった

これまでかばんや子どものオフシーズン用だった洋室のクローゼット。手前に積まれたモノを他の場所に収めて動線を確保し、ママのオンシーズン・クローゼットにしました。高すぎたポールを下げ、つっぱり棚を張って帽子を収納。「自分の場所を持てて本当に嬉しい。服を大事にできる気がする」とＴさん。

スッキリ見える技

無印良品のアルミハンガーで揃えました。肩の位置や厚みが合うので服を選びやすい。

ざっくり収納がラク

スポーツウェアとかばんは布ケースにざっくり入れて下段の可動棚に。収納の三等地かつホコリのたまる床面は、空けて掃除しやすいように。

壁に洋服の一時置き場を

長押＋フックを設置。ちょっとかけられる場所があれば、その辺に置いてしまうことがありません。

寝室ウォークインクローゼット

before

モノを詰め込み
がちな場所
かさばる
冬雑貨で
床面が見えない

after

ポールを
人別に分けて
わかりやすく
引き出しを
入れて
床面スッキリ

引き出しを活用してゆとりを生み出す

寝室のウォークインクローゼットに、夫婦ふたりの吊るし服とオフシーズンの冬雑貨が収められていました。床に踏み込む隙間がないため、服を扉に吊るしてしまうことも。ポールは右半分をママのオフシーズン用とし、左は夫スペースに。下には引き出しを入れてオフシーズン用品をまとめました。

かばんと帽子は フック収納が便利

収納内の左壁面にフックをつけ、パパのかばんと帽子かけに。

before

羽毛布団をゴミ袋でまとめていたため、かさばっていた。

after

掛け布団は圧縮袋に入れて端に立て、面をくわないように収納。かさばる冬用ベッドパッドは深型の引き出しにまとめて。

サイズアウトや
出番待ちも

子ども服の保管収納　before　after

after

オフシーズン服
は人別に
１引き出しずつ

子ども靴
（出番待ち）や
子どものかばん
を収納

before

把握しきれて
いない
出番待ち服と
オフシーズン服

下段の
収納ボックスには
大人の服や雑貨も

子どもの動線を考えて

この収納の右側には長男くんの本棚があり、「押し入れ上段の右側はボクの場所」という位置付けに。

after

長男くんの
サッカーウェア
を半袖、長袖に
分けて

モノを管理できる収納

リビング横の和室押し入れに、子どもの「今は使っていない」服を収めています。９歳男子、６歳女子、０歳女子と３人の子の「出番待ち」「オフシーズン」等が詰まっており、どこに何があるか把握しきれません。全出しからの分類、収納を経て「肌寒い時にすぐ全員の長袖が出せた！」と管理可能な状態に。

Step ① 全出し

これまで「存在を忘れて着るタイミングを逃す」「着せたいのに見つからない」とストレスの多かった大量の子ども服の保存管理。もらうし、買うし、育つし、季節は変わるし、で収納にはわかりやすさが必須です。

洋室にあった服も
持ってきてください
（本多）

お下がりもらったまま
開けてないのもある～
（Tさん）

押入れがカラッポに！

Step ② 分類

まだ０歳の次女は数ヵ月でサイズの変わっていく時期。また長女と６歳の差があるため、長女サイズアウトは一旦人に回します。複雑！

一度図に書いて、「性別・人」「サイズ」「季節」など情報ごとに分類するための整理をします。

人にあげるモノはこの場で大きなダンボール箱に。

長男
サイズアウト
長男
シーズンオフ
長女
シーズンオフ
次女にもらった
お下がり
（出番待ち）
次女出番待ち
（次シーズン）
次女
今から着る
フォーマル
長女次女
サイズアウト

Step ③
収納を分析、マッチさせる

引き出しにオフものを入れる時は、引き出しを立てて服を積んでいく方法がおすすめ。重力で沈んでいくので、びっちりと量が入ります。ポイントは、たたむサイズを引き出しの深さに合わせることと、服のワを上にすること。

ひと目でわかる収納

高さがそろっていれば、どの服も埋もれて行方不明になりません。モノをギュッと入れるのは、あくまで入る量重視の保管向け。よく使うモノには不向きの入れ方です。

after
スペースに
余裕があり
風通しよく
掃除もしやすい

アウターは吊るし収納が◎

お下がりで放出した分できたスペースに、つっぱり棒でアウターを吊るして。ハンガーを子どもごとに色分けしてわかりやすく。

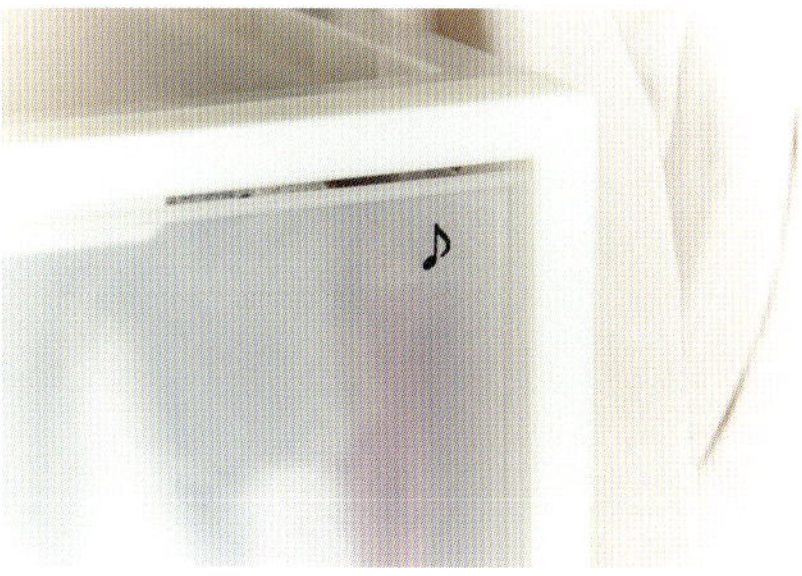

ラベリングはマークでも楽しい

オフシーズン服を収納した引き出しには子どもそれぞれのマークでラベリング。

CASE 3 漠然としたモヤモヤを解消したい！

子どもスペースと仕事場兼リビング収納

ストレスになじみ、原因を見失う

ことの発端は、この本をつくるための打ち合わせでした。「会議室ではなく民家で話しませんか。普通の人の課題が見えるはず」。こうして言い出しっぺであるライターYの家に集まり、収納を本多と編集者で見て回ることに。するとすごい高さに毎日使うマスクが入っていたり、扉を開けたとたん何かが落ちたりしています。

しかし驚くべきことに、Yは「ずっとこうなんで」と意に介していないのでした。かと言って、生活のなかで不都合はないのかと問うと、「ずっと何かにモヤモヤしている」とのこと。この漠然としたモヤモヤ、問題が露呈している「子ども棚」「押し入れ」「リビング壁面収納」「廊下収納」のコンボでやっつけてみます。

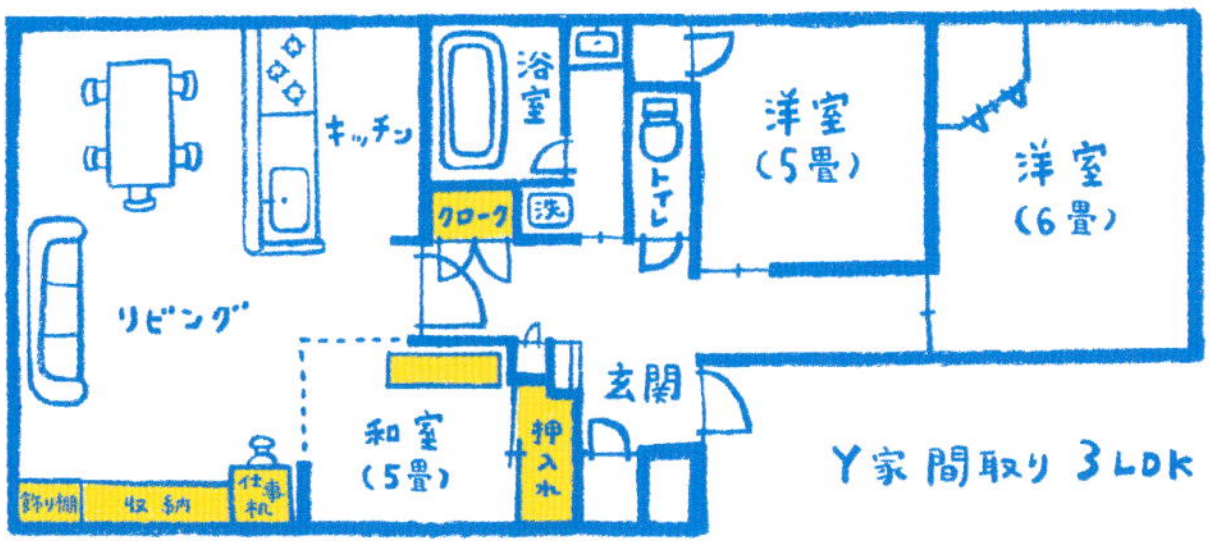

F・Yさん

三姉妹の子を持つフリーライターでこの本の担当。打ち合わせ場所としたわが家が掲載対象になるとは思っていなかった。打ち合わせ段階で「今すぐにでも取り掛かりたい！」と言われ、「え……そんな感じ？」と思った。

自分でもストレスに気づかなかったなんて……

子どもスペース

before

after

片付かない＝遊びにくい

「あれこれ工夫したけど子どもが片付けてくれない」との悩み。全体的に物量が多すぎて一つひとつに子どもの焦点が合いません。これは、片付けにくいだけではなく、遊びにくさの原因にも。また上に棚を増設していますが、圧迫感があるし危険。上のモノは子どもが取れずに、ママが呼ばれる羽目になります。

Step 1

全出し

棚にあるすべてのおもちゃや絵本を出します。

Step 2

分類

姉妹三人それぞれのモノ、さらに「よく遊ぶ」「たまに遊ぶ」「不要」で分けてもらいます。

定期的におもちゃの整理を

処分となったおもちゃ。期待するほど減らなくても無理強いはNGです。大切なのは、これを定期的に繰り返すこと。半年使わなかったと子どもが納得すれば手放せるように。

残す共有のモノを「いる人は手を上げて～」と選択中。

子どもスペース

before

おもちゃも
本も多く、
高いところにも
モノがあふれ
危険な状態に

量を半分にして動線を確保

モノがギュウギュウで“収納”のためにかえって取り戻ししにくかったビフォー。ここに置く量は半分程度にセーブして、ここで見せ収納するモノとよそにしまうモノでメリハリをつけました。上段に増設していたボックスは取り、左に並べていた小学生用の棚は動線の妨げになるので部屋の反対側へ移動。

after

おもちゃと本を
減らす＆移動し、
スペースに
余裕が

子どもが自分で取り戻しできる

大量の絵本の中から、それぞれ「今読みたい10冊」を選んでもらってここへ。ブックエンドを両面テープで固定して個人スペースを確保し、名前をペタリ。残りの本は廊下収納へ移動させました。左は図書館の本用スペース。

1冊1冊が光り、3歳児でも取り戻しできるように。

学校関連を収納

部屋に入る動線をせばめていた小学生2人の棚を、おもちゃ棚の対面に移動。中に詰めていた図鑑シリーズも廊下の収納へ。

ブックエンドよりファイルボックス

教科書とノートをファイルボックスで立て、雪崩れを防ぎます。

ひな壇にすると片付けやすい

下段の棚板を後ろ半分にしてひな壇状に。こうすると、カゴを引き出さなくても細かいおもちゃを放り込めます。このシステムで、子どもたちの片付け力が大幅に向上！

おもちゃはざっくり放り込み収納

右端は引き出しから、布ボックスへのざっくり放り込み収納に。

遊びやすくなった！

動線がスムーズになり、使いやすい棚になり、ここで遊ぶ時間が増えました。おもちゃも部屋も、子どももイキイキ！

押し入れ

after

下段は
子どものための
スペースに

before

子ども物、
大人物で
ギュウギュウ
状態の押入れ

収納はわかりやすく、が原則

「押し入れ」と「廊下収納」（p.106 参照）は、両方ゴチャゴチャで中がわからずモヤモヤ。何かを探すたび、この2ヵ所をひっくり返していました。わかりやすいよう付けたルールは、「ファブリック系（布団、毛布、マット、カバー類）」は押し入れ、「季節もの」がその最上段右。下段に2軍のおもちゃ。「ようやく気持ちもスッキリしました！」

分類すると不要なモノがわかる

スペースの大半を占める布団とカバー類は、種類ごとに分類してカウント。不要なモノが客観的に見えてきます。

「もう収納に戻す気にならない」モノたち。かなりの量を処分。

思い込みから自由になる

以前は下段にあった裁縫道具。「畳の隅で広げるからここが一番いいの！」と頑なに移動を拒みましたが、下段は背丈のない子どもにあげましょうと説得して上段に。すると、「取りやす〜い。かがむことなく明るい所へ運べる〜（隅は暗かった）」とごきげん。改善で一番足を引っ張るのが“思い込み”です。

タオルケットの収納

タオルケットを固くロール状に。高所の収納は、「塊」にすると取る時に雪崩れにくい。

おもちゃにも優先順位をつける

おもちゃ棚からモノを半減させたので、あぶれた分は押し入れ下段に。「たまに遊ぶ」と分類したモノを、すべてが横一列で手前に引き出せば取れるように収納しました。とはいえ、選びやすく取りやすくなったため以前よりよく遊んでいます。「子どもが幸せそう……以前のうちの子気の毒だった（涙）」

しまいにくいものは引き出しが便利

子どものバッグ／積木やお医者さんごっこセット。引き出して見渡せるので選びやすい。

before

リビング＆仕事スペース

壁面収納には
紙モノが
ぎっしり
仕事スペースも
書類や資料で
すき間なし
リビング唯一の
飾り棚には
家族写真が
ぎゅぎゅっと

容量が大きい収納は モノを管理しづらい

壁面収納は容量が大きいため何でも入れてしまいがちですが、最も大切なワーキングスペースを圧迫しているのが問題。

飾り棚

たくさん飾りすぎ

写真が所狭しと飾られているため、かえって見づらい状態に。またすき間もないため掃除もしづらくほこりがたまりやすかった。

テレビ下引き出し

動線が悪いと使いづらい

DVDのハードとソフトが別の場所にあり使いにくい！ 壊れたゲーム機のソフトがたくさん。

テレビ上の棚

なんでも置きがちなスペース

ちょうどいい高さのため、つい物を置いてしまい、ゴチャゴチャだったテレビ上の棚。

after

紙モノを
分類・処分し
見た目にも
気持ちにも余裕が

動線を意識し
仕事のしやすい
スペースに

写真は厳選し
余裕をもって
素敵に飾りたい

暮らしやすさと仕事のしやすさを重視

リビングでの暮らしや仕事に必要のないモノを除き、暮らしやすさに貢献しながら仕事のしやすい収納をつくりました。

飾り棚

オープン収納はできるだけ余裕を

飾る写真を減らして余白とグリーンを。目に入るオープン棚はスッキリが命。モップをかけやすいので掃除の頻度が4倍くらいに。

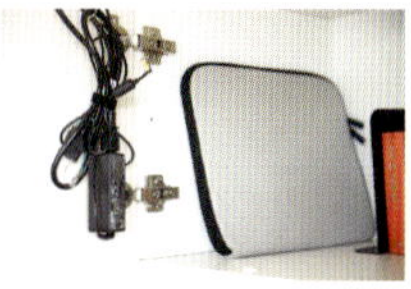

収納用品をプラスしてスッキリ

カゴ二つ（爪切り等／カメラ）と書類の一時置きだけにしてスッキリ。使用頻度の低いPCは扉の中に。電源アダプタは壁に貼り付けて迷子にならないように。

テレビ上の棚

テレビ下引き出し

ハードのあるところにソフトを

行き場のなかったケア用品を余った場所に。ここで子どもにドライヤーをかけるのでぴったり。

after

足元にあった
2軍の文具が上に。
かがまないことが
ここまで作業を
ラクにするとは！

「仕事用コア収納
スペース」と
位置づけ、一軍を
効率的に収納

奥に空きスペースを
設け、必要に
応じてPCを
寄せられるように

before

今使うモノも
過去のモノも
混在し、
資料と書籍が
ぎっしりの棚

書類が
作業スペースに
侵食し、
状況も頭も心も
ゴチャゴチャに
なりがち

after

上の棚を利用し、作業スペースは広々と。常に置くものを「今」のモノだけとし、空間にゆとりをもって。

before

資料が増殖し、雪崩れて、見つからないしまえない。一番の問題は、これに慣れて何とも思っていなかったこと……。

Iアイテム1ボックス

使用頻度が低く細々したモノを、1アイテム1ボックスで収納。後々、左の「文房具予備」の取り出し頻度が高いと気づいて下段の引き出しにあった「便箋封筒」とチェンジしました。1アイテムでまとまっていると移動も簡単。

これまで机の下にもぐって取っていた「文房具予備」や「通帳」が上段に移動し、格段にラクに。薄い引き出しだから薄いスペースに入れねば、と思い込んでいた。

文具はすぐ取れることが命

文具の1軍を引き出しに入れ、さらに超1軍はトレイでオープン収納。この後右端の方が使いやすいと移動させました。

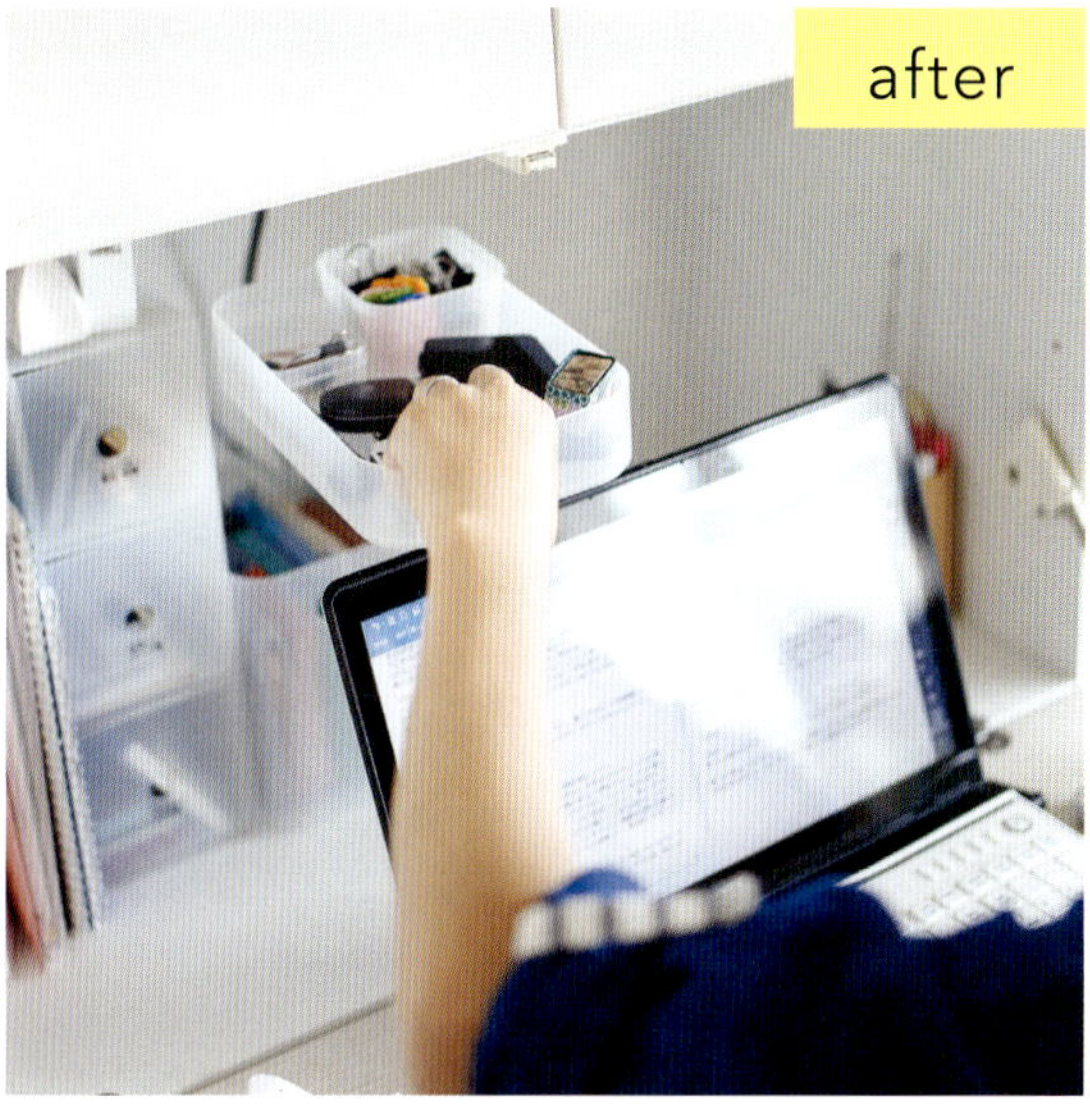

小物は小さな引き出し収納が便利

無印良品の小物収納ボックス３段によく使う電卓、名刺などを。小物の省スペース収納に便利。

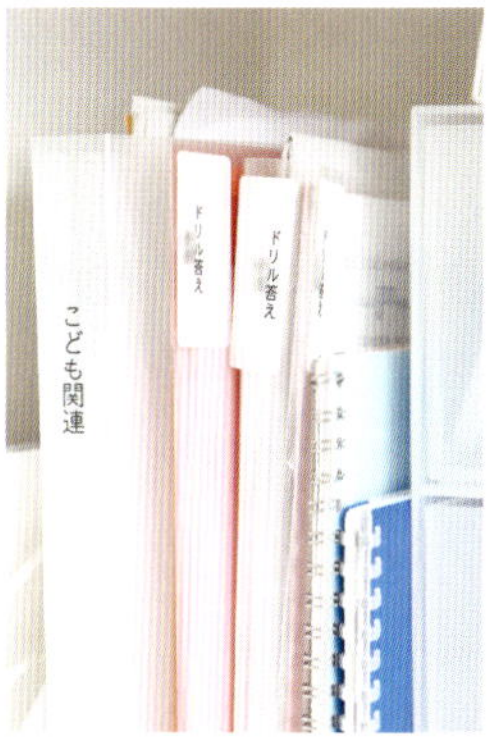

ラベリングは背に

クリアファイルは背側にラベリングして収めると取りやすく、見た目スッキリ。

忘れがちなことを忘れないように

IDやパスワードの表をクリアファイルに入れ扉裏に。

廊下作りつけ収納

after
アルバムは
家族がいつでも
見られるように
吊り下げ
ラックで
テープ類の
定位置完成

before
本と雑貨が
ごちゃごちゃに
詰め込まれて

思い切って扉を取り払ってみる

上半分は本棚として機能していましたが、下は何でも突っ込んでしまってモノが行方不明に。扉がジャマだったので外してオープン収納にし、下段を子どもの絵本スペースとしました（ここからもよく取って読むように）。床面にはキャスター付き台座に載せた30kg米袋が。

リビングドアと当たる扉。扉で隠せると中に何でも突っ込む弊害も。

本はひな壇にして奥まで見やすく

押し入れ並みの奥行きがあり、前列・後列で別の可動棚がついています。棚をずらし、本自体の高さも利用してひな壇状に。

アルバム大好き

個人別に思い出を整理

個々のボックスを作り、描いた絵を簡単に放り込めるように。また最上段にあったアルバムは、子どもが見たがるのでおもちゃ棚から外したボックスを入れて下段に。

子どもの絵を飾る

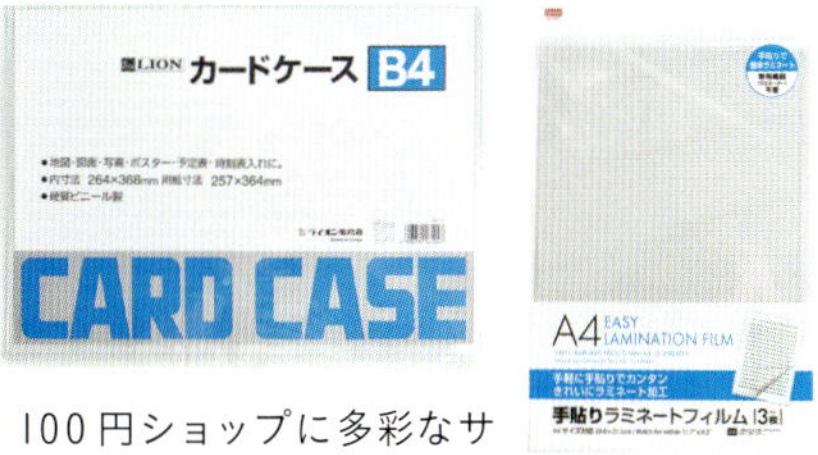

100円ショップに多彩なサイズのケースやフィルムが。扉や壁には「ひっつき虫」でペタリ。

子どもの絵の飾り方

子どもの絵を飾りたいけど、３人分貼ると部屋に雑多感が。台紙に貼ってケースに入れることで、統一感と特別感をもって飾れるように。ソファからしか見えない梁も利用して。

after

家で仕事、子どものいる暮らしを楽しむ収納に

「仕事を終えたら机をまっさらにできるようになりました！ もう、横目で山積みの資料を見ながら暮らしていた過去には戻りたくありません。おもちゃもサッと片付くし、これほど精神衛生上よいことはありませんね」

Column 4

強力助っ人「コマンドタブ」

吊るし収納に欠かせないツールである「フック」。バーやつっぱり棒のない場所でも、「ここにフックをかけられれば便利なのになー！」ということが多々あります。そんな時に大活躍してくれるのが、「コマンドフック」です。

「コマンドフック」はコマンドタブの関連商品で、外す時にはきれいにはがせるのが最大のメリット。賃貸住宅に住んでいる人にはうってつけのツールです。また、「しまった、もう少し上につければよかった……」という時は気軽に外して新しいタブで付け直せるのがポイント。失敗を恐れずに、収納の試行錯誤に挑めます。

ほかにもきれいにはがせる商品はあるのかもしれませんが、「コマンドタブ」には絶大な信頼を寄せている私。長年愛用してきて感じるのは、粘着力が強くて耐久性に長《た》けていること。「耐荷重」や「フックの長径」でバリエーションが豊富なうえ、「白色」「透明」とシンプルな色合いの中から取りつける場所に合わせて選べるのが素晴らしい！

あれこれ使ってきましたが、吊るすモノはそれほど重くないことが多く、耐荷重1.3kgのフックがあれば十分。ある程度持っておくとアイデアが湧いた時にすぐに試せるので、収納フェチな私は「お買い得8コパック」なども備えています。

また、コマンド「タブ」だけも常備しており、ボックスを壁面や扉裏に貼り付けるのに利用しています。シンク下扉裏にタッパーのふたを収納したり、バーを貼り付けて鍋ブタを引っかけたり。吊るしに向かないモノの空中戦に最適です。

まるでコマンドシリーズの回し者のようですが、そう言われても悔いなし。「コマンドフック」は生活をよりよくしたい人の味方ですよ！

3Mコマンドタブシリーズ

まとめ

暮らしがラクになる収納3ヵ条

1

仕組みはシンプルに。「取り戻しがラクかどうか」

「きちんと収納しなくては」「食器は食器棚でなくては」「同じ種類のモノは同じ場所でなくては」などの固定観念は捨て、どこに置けばラクかを一番に。

2

いつも「今」の暮らしを基準に考えて

趣味は変わり、子どもは育ち、暮らしは変化を続けます。過去のままの収納ではだんだんモヤモヤが出て当然。「おや？」を見逃さずに更新を続けましょう。

3

モノでぎゅうぎゅうはNG

どんなに収納を工夫しても、ぎゅうぎゅうではラクに出し入れできません。不要なモノは除き、必要なモノが働きやすい環境に。モノの処分も大切ですが、とくに買う時に気をつけて。

本多さおり（ほんだ・さおり）

暮らしを愛する整理収納コンサルタント。「もっと無駄なく、もっとたのしく」、と日々生活改善に余念がない。2010年に整理収納アドバイザー1級、2011年に整理収納コンサルタントの資格を取得し、その人にあった「片付けがラクで長続きする収納方法」を提案、訪問件数は200軒を超える（現在は休止中）。2010年にはじめたブログ「片付けたくなる部屋づくり」が大人気となり、同タイトルの本を出版、ロングセラーとなる。2016年1月男児を出産。本書では、これまでの経験から培った収納メソッドを整理して惜しみなく開陳、収納を考える時の頭の中、思考過程を丹念に追うことで、読者が自宅でカスタマイズできるよう工夫した。◎主な著書 『片付けたくなる部屋づくり』（ワニブックス）、『もっと知りたい無印良品の収納』（KADOKAWA）、『家事がしやすい部屋づくり』（マイナビ）、『モノは好き、でも身軽に生きたい。』『赤ちゃんと暮らす』（共に大和書房）
◎本多さおり official web site … http://hondasaori.com
◎ブログ「片付けたくなる部屋づくり」… http://chipucafe.exblog.jp/

Staff
執筆協力／矢島史
撮影／林ひろし（カバー、本文右記以外すべて）、小林愛香（p50一部）
装丁／渡部浩美
イラスト／仲島綾乃
校正／大川真由美
編集／小宮久美子（大和書房）

とことん収納《しゅうのう》

2017年12月5日　第1刷発行

著　者　本多《ほんだ》さおり

発行者　佐藤　靖

発行所　大和《だいわ》書房
東京都文京区関口1-33-4
電話 03-3203-4511

印　刷　東京印書館

製　本　ナショナル製本

ISBN978-4-479-92119-6
乱丁・落丁本はお取替えします
http://www.daiwashobo.co.jp

＊本書に記載されている情報は2017年10月時点のものです。商品の仕様などについては変更になる場合があります。

＊本書に掲載されているお宅は個人宅であり、収納用品、小物類など、ご紹介したものはすべて私物です。現在入手できないものもありますので、あらかじめご了承ください。

＊本書の収納方法、インテリアなどを実践いただく際は、建物の構造や性質、商品の注意事項等をお確かめのうえ、安全性に十分留意し、自己責任のもと行ってください。

わたしが家に求めるもの

・日当たり
・風通し
・窓から見える緑

家の狭さや収納の少なさは
工夫で何とかできますが、
これら3つのことは物件次第。
もう何年も、
そんな中古マンションを探し続けています。
家に求めるのは、何より心地よさ。
収納の試行錯誤も、
すべてはそのための
取り組みにほかなりません。